U. Dickenberger · Der Tod und die Dichter

Germanistische Texte und Studien

Band 35

Udo Dickenberger

Der Tod und die Dichter

1991
Georg Olms Verlag
Hildesheim · Zürich · New York

Udo Dickenberger

Der Tod und die Dichter

Scherzgedichte in den Musenalmanachen
um 1800

Eine Sammlung
von 220 Spottgrabinschriften

1991
Georg Olms Verlag
Hildesheim · Zürich · New York

Printed in Germany
Umschlagentwurf: Tobias Koerner, Hildesheim
Herstellung: Druck Partner Rübelmann GmbH, 6944 Hemsbach
ISSN 0175-9388
ISBN 3-487-09434-7

Inhaltsverzeichnis

Die fröhlichen Musen

"Nachdem ich lange Zeit die weisse Brust bewacht, / So kahm ich an den Ort, woselbst die Anmuth lacht, / Allein den Vorwitz must ich mit dem Leben büssen, / Denn allda wil man nichts als grosse Stachel wissen." (Celander, Grabschrift eines Flohes)

Wer nach dem Spaziergang auf einem modernen Friedhof und einer Lektüre seiner Inschriften angesichts der Monotonie dieser neueren Grabschriften den Beschluß faßt, in der Zeit um Achtzehnhundert nach Originellerem zu suchen, der wird auf den Grabmälern der humorlosen klassizistischen Friedhöfe kaum amüsante und scherzhafte Inschriften finden, wohl aber in den Musenalmanachen des ausgehenden 18. Jahrhunderts und in einzelnen Inschriftensammlungen des frühen 19. Jahrhunderts. Haßlers Inschriftensammlungen von 1816 und 1819, *Der Wandler unter Gräbern* und der *Wandler unter den Gräbern*, enthalten neben vielen ernsthaften und lobpreisenden Inschriften auch komische Grabschriften, von denen einige den Werkausgaben einzelner Dichter und den Musenalmanachen entnommen sind. Während für die Friedhöfe der klassizistischen Periode um 1800 in erhabener Sprache panegyrische Inschriften von gebildeten und an den überzeugendsten Leistungen der deutschen Poesie geschulten dichtenden Dilettanten neu verfaßt oder den beliebtesten Medien der Geselligkeit, den Musenalmanachen, Tiedges *Urania* und Klopstocks *Messias* entnommen werden, schreibt Haug allen anderen Epigrammatikern voran in großer Zahl Spottgrabschriften für die Musenalmanache. Neben ihm treten Armbruster, Bernritter, Blumauer, v. Döring, v. Einem, Goeckingk, Hensler, Hinze, Meißner, Overbeck, Pfeffel, Tutenberg, Weisser, Zimmermann mit Scherzinschriften auf; andere Autoren zeichnen mit Kürzeln.[1] Die scherzhaften Grabschriften der Musenalmanache des ausgehenden 18. Jahrhunderts geraten selten so hocherotisch wie Celanders Grabschrift *Eines Flohes*; sie widmen sich brav den Eheproblemen in der Kleinfamilie, schwatzhaften Frauenzimmern, hintergangenen Biedermännern, der Freude des einen Ehepartners über das Ableben des anderen, Lastern, verrufenen Ständen, Berufen, deren Inhaber in der Fiktion der Gedichte grundsätzlich unseriös, ja betrügerisch veranlagt und denen erst recht einschlägig übelste Geschäftspraktiken habituell geworden sind, den hypertrophen Vorlieben einzelner Schlemmer und den höchst eigenen Anschauungen skurriler Menschen.

Musenalmanache

Den Stoff für die gemeinsame Lektüre in der Familie stellen im ausklingenden 18. Jahrhundert die Musenalmanache, später die sogenannten Taschenbücher und in der zweiten Hälfte des 19. Jahrhunderts die Alben bereit. Auch in der Mitte und am Ende des 19. Jahrhunderts erscheinen noch sogenannte Musenalmanache, diese haben

[1] Z. B. *B., B–r, B–s, C. H. C., Dt., F., –g, K. G., Gr. v. H., Hg., I., J. F. K., V. K., v. L., J. G. M., Frh. v. N., O., I. R., Rf., S., v. St., –tt–, W–n., Wp., –x., X.*

aber mit ihren bedeutsameren Vorgängern nur noch den Namen gemein und ähneln den gleichzeitigen Taschenbüchern und Alben. Die Beiträge in den Musenalmanachen, Taschenbüchern und Alben feiern die engen Bande der Kleinfamilie. Dankbar werden diese der Geselligkeit gewidmeten Medien rezipiert. Sie versuchen ins Leben der Familie einzudringen und Funktionen, die früher der Bibel zukamen, an sich zu ziehen. Die jährlich erscheinenden Musenalmanache präsentieren fast ausschließlich Gedichte. Einzelnen Gedichten sind Notenblätter beigefügt. Die Almanache beginnen zumeist mit Kupferstichen und mit einem Kalendarium, wobei jedem Kalendertag ein Heiliger zugeordnet ist. Die mehr oder weniger wichtigen Daten des Kirchenjahres und die Gedenktage der Heiligen sind von Januar bis Dezember präsent. Zudem teilen Übersichten den Beginn der Jahreszeiten mit und berichten von den anstehenden Finsternissen. In den Kalendarien des *Almanachs der deutschen Musen* haben die Dichter und Denker die Heiligen ersetzt. Der Herausgeber ordnet jedem Tag einen Propheten oder eine andere biblische Gestalt, die zugleich Autor war, einen Dichter oder einen Philosophen zu. Sie sind chronologisch in der Reihenfolge ihres weltgeschichtlichen Auftretens geordnet. 1779 etwa beginnt der Januar mit Moses und David und endet mit Pindar, Euripides, Sophokles, Aristophanes, Menander. Der März beginnt mit Juvenal und endet mit Aretino. Im Dezember endlich bricht die Periode der deutschen heiligen Poesie, in der die Dichtung zum Religionsersatz wird, mit Günther am ersten, Brockes am dritten und Drollinger am fünften an. Im Jahr 1770 gar enthält das Kalendarium des Almanachs nur deutschsprachige Autoren.

Die wichtigsten Almanache sind der Göttinger Musenalmanach (1770-1804), der von verschiedenen Herausgebern — Gotter, Boie, Voß, Goeckingk, Bürger — betreut wird, der Vossische oder Hamburger Musenalmanach (1776-1800), Schillers zumeist in Tübingen erscheinender Almanach (1796-1800), der eigens den österreichischen Dilettanten offenstehende Wiener Musenalmanach (1776-1796), der Leipziger *Almanach der deutschen Musen* (1770-1787), der jeweils vor den poetischen Beiträgen Rezensionen der wichtigsten literarischen und gelehrten Neuerscheinungen vorstellt, und, vielleicht, die von Schiller heftig kritisierten *Blumenlesen* (1782-1793) des Stuttgarters Stäudlin, der in einen der Jahrgänge seines Almanachs mehrere Gedichte Hölderlins aufnimmt. 1770, im Geburtsjahr der deutschen Almanache, kommt es zu einem Eklat, als der Herausgeber des Göttinger Musenalmanachs festellen muß, daß mehrere der autorisierten Originalbeiträge seines ersten Jahrgangs, teilweise verunstaltet, kurz zuvor bereits im gleichfalls neugegründeten Leipziger Konkurrenzunternehmen erschienen sind. Die Herausgeber der Musenalmanache fordern die Gebildeten in ihrem Publikum auf, neue Beiträge möglichst pünktlich an sie oder an den Verleger zu schicken. Auch sollen die dilettierenden Autoren verschiedene Gedichte auf getrennte Bögen schreiben, um dem Herausgeber die mühselige Arbeit des Ausschreibens zu ersparen. Und sie sollen sich Kopien anfertigen, damit sie den Herausgeber nicht mit der Bitte um eine Rückgabe ihrer abgelehnten Manuskripte behelligen müssen. Auch möchten sie doch bitte ihre Beiträge nicht an verschiedene Organe zugleich senden. Aber dies alles, so heißt es einmal, "ganz ohnvorschriftlich!" Manchmal entschuldigen sich die Herausgeber für die Willkürlichkeit ihrer Auswahl. Einiges, trösten sie dann, wird im nächsten Jahr erscheinen. Häufiger klagen sie aber über völlig mißlungene und damit unbrauchbare Zusendungen, über das "schofle Zeug". Selten stellen sie einmal ein mißratenes Gedicht in ihrem Nachwort vor und geben es damit dem Spott des Publikums preis. Aber ganz wohl ist den biederen Herausgebern dann nicht; sie erklären, lange genug hätten sie der Versuchung widerstanden, aber jetzt reiche es ihnen und es gehe nun nicht anders, sie müßten einmal ein Exempel statuieren.

Beschaulich, auch galant wie im Rokoko, geht es in den Almanachen zu. Manchmal wird dem Leser sogar praktische Lebenshilfe zuteil. Das Gedicht *Der angebrachte Kuß* eines mit *W. S.* zeichnenden Autors weiß von einem, der sich lange vergebens um einen solchen Kuß bemühte. Nie war die Spröde einsichtig. Schließlich ersinnt der mannigfach Geprüfte und vielfältig Versetzte eine in der Tat grandiose, vielleicht dabei auch etwas schnakische List und präsentiert sie stolz dem verblüfften Publikum. Er kommt zwar nicht ganz zum sogenannten Ziel, er verbleibt aber dank seines neckischen Einfalls auch nicht mehr völlig im unbefriedigten Zustande. Aber was sind Ziele, das Bemühn ist alles. "Ich pflückt' ein Röschen ihr, und drückte / Darin ein Küßchen säuberlich; / Ich bracht's ihr, und der Einfall glückte; / Sie roch, und zog den Kuß in sich."[2] Ja, so macht man das. Freilich gerät nicht alles so artig, possierlich und doch erfüllt. Pfeffels bissiges, ja gemeines Gedicht *Elmire* schießt weit über jedes spöttische Ziel hinaus. Eine Frau, die sich darauf besonnen hat, ihr Kind selbst zu stillen, wird vom gehässigen Autor bösartig verspottet. Die innigsten menschlichen Bande werden dem Hohn preisgegeben, die substantiellen sittlichen Mächte mit Gift bespritzt. "Elmire, die sonst nichts von Mutterpflicht gewußt, / Zu vornehm, etwas mehr, als ihren Mops, zu lieben, / Stillt ihren Benjamin an ihrer eignen Brust. / Vielleicht hat ihm der Arzt die Eselsmilch verschrieben."[3] Das sind nun zwar ganz frostige Scherze; es geht in den Beiträgen dieses der Geselligkeit und dem Witz geweihten Mediums indes selten um Inhalte und immer um den komischen Einfall, den gelungenen Spaß, die effektvoll angebrachte Pointe.

Taschenbücher und Alben

Die Taschenbücher und Alben fordern dazu auf, sie zu verschenken. Karl Zettels Sammlungen *Heidenröslein* und *Ich denke Dein* aus dem späten 19. Jahrhundert enthalten vor oder nach dem Titelblatt verzierte Seiten, auf denen ein leeres Blatt abgebildet ist, das mit *Widmung* überschrieben ist. In Claurens Taschenbuch *Vergißmeinnicht* folgt in den Jahrgängen 1822, 1823 und 1824 dem Titelblatt eine Seite, die eindringlich dazu einlädt, das Taschenbuch zu verschenken und den Geber und den Empfänger zumindest eine Zeitlang zu verewigen. Der gedruckte Widmungstext läßt Raum für die beiden Namen: "An /   / bei / Ueberreichung des Taschenbu-

[2]VMA 1776, S. 72. Vgl. zum Problem auch Haug, *Julia* [TBV 1819, S. 313]; G. von Deuern, *Erotische Lieder. Die Rose* [TBV 1833, S. 109]

[3]VMA 1776, S. 94

ches / Vergißmeinnicht / 18[..] / Von / /". Das simple Schenken gerät zu einem offiziösen Akt. Clauren drängt energisch in den Intimbereich. In seinem *Vergißmeinnicht* von 1826 schließt sich dem Titelblatt die Abbildung einer, wenn ich recht zähle, siebenbrüstigen Frau an, die hinter einer Schriftrolle steht und in den Händen eine Kugel und eine Mondsichel hält. Ein beflügelter Genius trägt schmachtenden Blickes seine Fackel. Zu seinen Füßen liegen zwei Masken. Die Schriftrolle trägt die Worte "An" und "von". In der privaten Kultur des Schenkens noch will der Herausgeber Clauren, lüstern wie immer, präsent sein.

Spindlers Taschenbuch *Vergißmeinnicht* beginnt 1845 und 1846 mit einer *Christlichen Haus= und Familienchronik.* Die Chronik ist, wie es im Taschenbuch heißt, von dem alten Brauch angeregt, Familienereignisse in die Bibel einzutragen. Die Chronik soll das Taschenbuch "als ein wahres *Vergißmeinnicht* jeder gebildeten Familie unseres Volkes zum freundlichen Begleiter durchs Leben" bestimmen. Die Chronik beginnt mit einem Stich, auf dem ein Widmungsfeld freigelassen ist. Es folgen Stiche zu den Familienereignissen *Der Geburtstag, Die heilige Taufe, Das heilige Abendmahl, Die Trauungsfeier* und *Heimgang in die Ewigkeit.* Auf den Stichen ist Raum für die persönlichen Eintragungen freigelassen. Während im Exemplar des Jahres 1845, das die Württembergische Landesbibliothek aufbewahrt, konsequent die Trauung auf das Abendmahl folgt, wird im darauf folgenden Taschenbuchjahrgang in einer nicht ganz einleuchtenden, aber erfrischenden Variation zuerst einmal getraut und dann erst das Abendmahl gefeiert. Die eine Bibel begleitete die Familien über Generationen hin durchs Leben, das Taschenbuch aber erscheint jährlich. Nicht klar ist, welches Ereignis in welchen jeweiligen Jahrgang denn Einzug halten sollte. 1847 fehlt denn auch die überflüssige *Christliche Haus= und Familienchronik* wieder. Der Versuch, die Bibel zu ersetzen, ist hier offensichtlich mißglückt. Wer ein Leben lang treu begleiten möchte und der feste Punkt sein will, auf den sich für die Familie alles bezieht, der darf nicht sich selbst unentwegt verändern. Er darf nicht Jahr für Jahr in ganz neuer Gestalt in das Familienleben sich einführen. Und andere, konkurrierende Begleiter kann er schon gar nicht gebrauchen.

Lessing und der sanfte antike Tod

"Nur des Thoren Phantasei / Bebt bei deinem Bild vorbei, / Fürchtet Grab und Mitternächte, / Zittert bang', wenn deine Rechte / Bei der Gruft die Fackel löscht!" (K. W. Justi, Allwills Lied an den Tod)

Wenden wir uns der philosophiegeschichtlichen Diskussion um den Tod zu. Lessing zeigt in seiner Schrift *Wie die Alten den Tod gebildet*, daß das Bild, welches die Antike sich vom Tod machte, heiter war. Lessing fordert einen neuen Gebrauch dieses Bildes. In seiner Nachfolge treten in Gedichten der Zeit um Achtzehnhundert immer wieder die von ihm beschriebenen fackeltragenden Genien auf. Zahlreiche Gedichte lassen den Sterbenden einen sanften, freundlichen, lieben Tod erscheinen. Herder knüpft in seiner gleichnamigen Schrift *Wie die Alten den Tod gebildet* an Lessing an; er kehrt das Todesbild Lessings dann aber um. Herder zeigt, daß auch für die Antike das Bild vom Tod schrecklich war und nur der Genius schön. Er war ein Euphemismus. Die naiven Aufklärer sind auf ihn hereingefallen und haben ihn mit dem Bild vom Tod selbst verwechselt.

Einige Dichter der klassizistischen Periode um Achtzehnhundert beziehen sich ausdrücklich auf Lessing. Im Gedicht *Auf Lessings Tod* bedauert Moritz, daß Lessings Flamme nun verloschen ist.[4] K. Schmidt richtet Verse *An Gleim, über den Tod seines Bruders*, in denen er darauf hinweist, wem er das neue heitere Bild vom Tod verdankt: "Er kam, ein froher Genius, / Schön, wie im Leßing ist zu lesen."[5] Jacobi wendet sich *An Gleim, bei der Feier seines Geburtstages.* Er weiht Lessing einen vollen Becher. Die Feiernden denken an Lessing. Der Dichter meint, daß Lessing der Tod erschien "wie das holde Bild, / Daß er uns im Schlafesbruder zeigte." Eine Fußnote merkt dazu an: "In der Schrift: wie die Alten den Tod gebildet."[6] Der Tod kam ohne Schrecken und mit Fackel und Kranz zu Lessing. Wo einmal soviel getrunken wird, ist es gut, daß sich wenigstens Haug Gedanken über die Arbeitsbedingungen des Genius macht und eine *Notiz für Bibus* anlegt: "'O Zeus! Entlaß mich meines Amtes!' sprach / Dein Genius voll Mißvergnügen. / 'Denn folg' ich ihm auf jedem Schritte nach, / So muß ich immer zickzack fliegen!'"[7] Die neue Auffassung findet gerade in Gleim einen Gegner. Gleim wendet sich *An den Tod.* Der ist ihm kein Engel, sondern ein sensenbewehrter Knochenmann. Doch der Tod ist in beiderlei Gestalt nicht fürchterlich, da Gott ihn geschickt hat.[8] Der Tod agiert nicht selbständig und autonom, sondern ist Vollstrecker göttlicher Anordnungen. Aber man muß die Almanachlyrik, vielleicht auch den Dichter, Gleim, nicht so ernst nehmen. Auch er schreibt ein Gedicht *Auf Leßings Tod.* Da ist der Tod "ein schöner Genius, / Wie Mengs ihn malt, in seinem schönsten Bilde", und er gab "meinem Leßing einen Kuß, / Und sagte: Komm! ins seligste Gefilde."[9] Wo die sich mit den Fragen um die letzten Dinge auseinandersetzenden Dichter an beschönigende Vorlagen der Malerei und der Philosophie in ihrem Sinne anknüpfen können, fällt es ihnen besonders leicht, sich und ihr Publikum zu beruhigen.

Der freundliche und der verliebte Tod

Wenn es stimmt, daß die großen weltgeschichtlichen Ereignisse, wie Hegel behauptet, zweimal auftreten und, wie Marx ergänzt, nur das erste Mal Tragödie, das zweite Mal aber Farce sind — Professor Sauerbruch spricht in anderem Zusammenhang von der *Duplizität der Fälle*, Jean Paul meint in den *Miszellen*, jede kühne Tat mache eine

[4]BG S. 170
[5]GMA 1786, S. 94 f.
[6]VMA 1782, S. 9
[7]W 1807 Bd I, S. 10
[8]GMA 1804, S. 49
[9]VMA 1782, S. 173

zweite notwendig, solle sie nicht den Untergang bringen[10] — dann ist Lessings neues Bild eines heiteren antiken Todes ein großes Ereignis. Denn dem ersten ernsten Auftreten folgt die banale Variante des heiteren Todes in *R–rs* Gedicht *Auf Röschens Krankheit und Genesung*. Sensenschwingend kommt der Tod, sieht das Röschen, lächelt und läßt ab von seinem Vorhaben.[11] Hätte der dergestalt professionslos Gewordene statt Röschen das lyrische Ich liquidiert, man möchte es ihm fast nicht übelnehmen. Ähnlich, vielleicht von *R–r* beeinflußt, wird der Würger in Haugs Gedicht *Als Luise genas* in allerletzter Minute "gerührt zum erstenmale." Er verabschiedet sich kleinlaut mit den Worten: "Verzeih'! Ich gehe ja."[12] Den sentimentalen Dichtern gerät noch der würgende Sensenschwinger, der daherkommt, um den Lebensfaden abzubeißen, zum verständnisvollen und empfindsamen Mitmenschen, dessen Herz am rechten Fleck sitzt und der, ist er erst einmal gerührt, alles mit sich machen läßt. Der Tod hat viel von seiner Würde und Furchtbarkeit verloren. Lieblich ist er und erotisch durchaus affizierbar. Er ist am Genius orientiert und hat von diesem gelernt. Ein möglicherweise — ganz klar wird es nicht, aber so ist das ja oft in derlei Fällen — verliebter Tod tritt in Gleims Gedicht *An den Tod* auf.[13] Aber auch in ernsthafteren Gedichten und durchaus nicht vereinzelt begegnet der Tod nun als lieber Freund. Ein Fridrich läßt den *Alten Gotthold an den Tod* sich wenden. Gotthold spricht dem Tod erfreuliche Eigenschaften zu. Der Tod ist jung, schön, fromm und gütig.[14] Haßlers Inschriftensammlung von 1819, der *Wandler unter den Gräbern*, enthält die Inschrift *Auf einen Schwermüthigen, von Hayle*. Dem Schwermütigen, der im Leben arg geplagt ward, ohne daß er einen fand, der ihm beim Tragen geholfen hätte, erscheint wenigstens der Tod als Freund. Dem spät, zu spät Gefundenen bietet der Schwermütige die Arme.[15] Im mit *Frh. v. N.* signierten Gedicht *Dem Andenken meines alten Freundes L.* im Göttinger Musenalmanach von 1774 wird der ersehnte liebe Tod angerufen und gebeten zu kommen; er soll Ruhe bringen und er gilt als "bester Freund des Elends und der Thränen."[16] Mild und freundlich, weiß der Autor *D. W.* des Gedichts *An den Tod*, erscheint der Tod denen, "die des Lebens Last gedrückt, / Deren trübes Aug mit Thränen / Oft mit Trost hinauf geblickt."[17] Der Tod "ist süß" und "der sanfteste, der beste" Gespiele. Er "kömmt mit heiteren Mienen, / Und bietet mir die Hand."[18] Wir werden sehen. Und einmal schauen. Verkehrt kann es nicht sein, sich ein angenehmes Bild vom Tod zu machen. In der Fiktion des Gedichts *Der Tod und das Mädchen* von Claudius weiß er auch selber, der Tod, daß er gar nicht so schlimm ist. Er sagt, er sei Freund, strafe

---

[10] TBLF 1807, S. 5
[11] GMA 1779, S. 15
[12] W 1816, S. 21
[13] *J. W. L. Gleim's Sämmtliche Werke*, Bd I-VIII, Hildesheim, New York 1971, reprogr. Nachdruck der Ausgabe Halberstadt 1811-1841, Bd I, S. 32
[14] GMA 1787, S. 48 f.
[15] S. 112
[16] S. 28
[17] GMA 1778, S. 149
[18] Jacobi, *Musarion* [GMA 1771, S. 185]

nicht, sei nicht wild und könne seinem Opfer einen sanften Schlaf versprechen.[19] Er hat es bis heute noch nicht vergessen. In Hofmannsthals *Der Tor und der Tod* versichert er, man brauche sich vor ihm nicht zu grausen, er sei nicht schauerlich und kein Gerippe.[20] Es wird sich zeigen.

Der Tod im Tierreich

*"Du sagst: dein Hund hätt' eine feine Seele; / Es kann wohl seyn! Doch mach' es nur nicht kund, / Damit man nicht den guten Hund / Statt deiner sich zum Freunde wähle." (C. H. C., An *) "Fort, mein Rennthier, fort! Eile durch die Wüste! / Den du führst, er liebt." (v. Halem, Lied eines Lappländers. Nach dem Scheffer)*

Abenteuerlich geht es in Pfeffels Poem *Das Bild des Todes: An eine Freundin* zu. Ein Jüngling — immer sind diese die Haupthandlungsträger — besucht Zoroaster und bittet ihn, ihm das Bild des Todes zu zeigen. Dem Besucher erscheint ein Gespenst mit einem Dolch, "die ganze Hölle funkelt in seinen Augen!" Der Religionsstifter aber gibt vor, einen holden Genius zu erblicken. Der Denker erklärt: "Der Tod ist ein Chamäleon, das immer die Gestalt der Seele annimmt, der es sich nähert."[21] So kommt der böse Tod in der *Nänie, Auf den Tod einer Wachtel* dann "gestaltet / Als ein Geyergeripp, der nächtlich alle / Kleinen Vögel erwürgt, und alle grossen", und der Geist der Wachtel entflieht gen Himmel, gleich "einem kleinen / Funken!"[22] Menschen von ganz bestimmten Eigenschaften erscheint ein sanfter Tod; das in der Rezeption von ideengeschichtlich kategorial Neuem stets hinterdreinhinkende Tierreich hat die Konzeption des sanften Todes, für die sich Lessing und Herder einsetzten, noch nicht erreicht. Bald darauf indes wünschen in Almanachgedichten die irdischen Lebensgefährten vorbildlich treuer und in Gefahren bewährter Haustiere diesen eine Fortdauer. Goeckingk veröffentlicht das *Klagelied eines Schiffbrüchigen, auf einer wüsten Insel, über den Tod seines Hundes.* Der allein Zurückbleibende erwägt, ob er in der besseren Welt den Hund wiedersehen wird, und ist schließlich davon überzeugt, da die Treue des Tieres dort belohnt werden müsse. Schließlich leckte der Kamerad ihn trocken, holte ihm Schuhe und Hüte aus der See, auch Holz, fing ihm täglich ein Reh und haschte listig Vögel, die den Jäger noch nicht kannten. Es waren schöne Abende, zusammen am Lagerfeuer! Jetzt aber ist der Schiffbrüchige allein, ganz allein: "Ha! da liegt er mit gesenkten Ohren, / Der mir oft noch Muth in's Herz gebellt, / Und mir Tröstung zugewedelt."[23] Der Hinterbliebene denkt nur an sich.

Schoßhund Donna nahm "Hoh und Niedre" durch "ihr menschenfreundlich Wesen" ein, sie war in Gesellschaft "freundlich, / Und so artig, so galant." Als ihr dann Cerberus entgegen bellt, da "erschrickt das kleine Thier" freilich arg, aber "Gleich

[19]GMA 1775, S. 157
[20]Hugo von Hofmannsthal, *Sämtliche Werke*, Bd I-XXX, Frankfurt 1975-1988, Bd III, S. 70 f.
[21]VMA 1776, S. 150
[22]GMA 1771, S. 88-91
[23]GMA 1777, S. 24 f.

versammeln sich die Hunde / Von gepriesner Treu um sie."[24] Treuen Hunden ergeht es im Jenseits wohl. Die *Grabschrift eines Hundes* teilt zunächst mit: "Hier kuscht Aly; und ach! er kuscht auf ewig." Dann wendet sie sich mit einer Bitte an die subterrestrischen Machthaber und appelliert an deren Mitgefühl: "O Herrschaften des Orkus, denkt an Aly, / Wenn ihr schmauset, und gönnt ihm auch ein Knöchlein!"[25]

Von ebenso engen Banden zwischen einem Menschen und seinem Tier wie Goeckingks Gedicht über die Einsamkeit des an bessere und erfülltere Zeiten sich erinnernden Schiffbrüchigen weiß *B... rs* schönes Gedicht *Der sterbende Dichter an sein Mäuschen*, welches in einem anderen Alterthum der Menschheitsgeschichte, dem *Almanach der deutschen Musen auf das Jahr 1778*, erschien. Die Darstellung der Kultur der Geselligkeit und des Zusammenlebens der beiden gerät so anschaulich wie in Goeckingks Poem. Hier allerdings, bei *B... r*, ist es der Mensch, mit dem es zu Ende geht. Er ist nicht allein, wie Goeckingks Schiffbrüchiger, dessen Gefährte verstorben ist; er, der Mensch, verabschiedet sich hier von der Maus, die zurückbleiben wird, und bereitet sie auf das Alleinsein vor. Hier spricht der Dichter: "Komm her, mein liebes Mäuschen, / Dieß wen'ge ist noch dein, / Halt nun dein leztes Schmäuschen / Dann — muß geschieden seyn." Beide hatten der Welt entsagt und waren einander alles. "Mein einziger Bekannter / Warst du, mein Freund allein, / Wir lebten mit einander, / Um uns für uns zu freu'n." In langem Zusammenleben aneinander gewöhnt, übertrugen sich zum Schluß Freude und Schmerz sympathetisch vom einen auf die andere. Der verliebte Dichter gedenkt in zärtlicher Wehmut der Tanzfertigkeit der Geliebten. "War fröhlich ich — wie hüpfte / Mein Mäuschen neben mir, / Und tanzt' ich — ha! wie schlüpfte / Dein Füßchen mit Manier. // War traurig ich, und weinte, / Wie gieng's dem Mäuschen nah, / Es lag, so wahr ich weinte, / Lag krank und traurig da." Freilich ist die Idylle, dies scheint durch, nur denkbar gewesen, weil die unemanzipierte Maus in emotionaler Abhängigkeit gehalten wurde; sie war nicht selbständig handelndes autonomes Subjekt, sondern Appendix zur dichterischen Existenz; war vielleicht Muse, doch subjektivitätslos und eindimensionales Wesen, von widrigen Verhältnissen dazu bestimmt, in einer seinsollenden schimärischen Harmonie mit dichterischen gemüthaften Stimmungsschwankungen einen fragwürdigen Lebenssinn zu suchen. "So lebten wir in Frieden / Mit wenig Geld und Brod / Von aller Welt geschieden, / Und nie — nie hatt' es Noth. // Und nun, — nun muß geschieden, / Mein trautes Freundchen, seyn, / Fort muß ich, ach! hienieden / Muß lassen dich allein." Die irdische Trennung vor Augen, blitzt die Vision einer jenseitigen Wiedervereinigung auf — die Trennung scheidet nur *hienieden* — und verschwindet wie der Dichter, der *fast* noch sein eigenes Sterben bedichtet hätte und sich mit den Worten verabschiedet: "Nun ist die Welt mir öde, / Mein Magen leer und hohl, / Mein Aug' wird trüb und blöde — / Ach! Mäuschen — lebe wohl."[26] Scheint auch von den letzten beiden Versen ein Lied der *Winterreise* beeinflußt zu sein, bleibt letztlich doch ewig schade, daß Schubert, soweit

[24] GMA 1776, S. 117-119
[25] VMA 1796, S. 196
[26] S. 217-219

bekannt, das Gedicht *Der sterbende Dichter an sein Mäuschen* nicht vertont hat.

Goeckingks Gedicht macht bereits zu seiner Zeit Eindruck; zwei Jahre nach dem Erscheinen des *Klagelieds eines Schiffbrüchigen, auf einer wüsten Insel, über den Tod seines Hundes* stellt *v. St.* im gleichen Almanach die im Titel als *Gegenstück zu Goeckingks Klagelied eines Schifbrüchigen, auf einer wüsten Insel, über den Tod seines Hundes* gekennzeichneten *Klagen eines Reiters, auf dem Schlachtfelde, über sein verwundetes Pferd* vor. Gottes Güte, sagt sich der Trauernde, muß die Treue des Pferdes belohnen, der schmerzliche Tod des Tieres kann nicht das Ende sein.[27] Gott wird moralisch in die Pflicht genommen. Ein guter Gott kann nicht zulassen, daß die irdische Trennung sich hochschätzender und einander liebender Lebewesen endgültig ist und daß der Tugendhafte nicht belohnt wird. Der Verfasser der *Klagen eines Reiters, auf dem Schlachtfelde, über sein verwundetes Pferd* gelangt zum gleichen Ergebnis wie Goeckingk; die Tendenz, den edlen Freunden himmlischen Lohn zu wünschen und selbst auf ein Wiedersehen zu warten, erfaßt immer weitere Kreise von Haltern charakterlich und ethisch hochstehender Tiere. In Conz' Gedicht *Der Ritter an sein todtes Pferd* hat die irdische Fortdauer die jenseitige ersetzt. Der Ritter klagt über den Tod seines Gefährten, erinnert sich an dessen Tugenden und an das gemeinsam Erlebte und hofft, daß seine Nachkommen einst an seinem Grabe, das neben dem des Pferdes liegen wird, der beiden Verstorbenen gedenken werden.[28]

Einzelnen Tieren freilich wird von ihren tumben Eignern immer noch übel mitgespielt. Ein mit *v. Einem* zeichnender Autor verfaßt das abstoßend hämische Gedicht *Herr Sassafras*: "Vor Hunger starb Herrn Sassafras / Sein einzig Pferd: wie sehr ihn das / Geschmerzet läßt sich leicht ermessen. / Ach! daß gerade zu der Zeit / Das Pferd mir sterben muß, sprach er voll Bitterkeit, / Da sich's gewöhnte, nicht zu fressen!"[29] Manche Tiere sind Opfer einer höchst schäbig anmutenden Gleichgültigkeit und eines liederlichen Geizes, anderen wird mit einer unvorstellbaren Rohheit, mit einem widerwärtigen Spott und Hohn begegnet. Pfeffel schreibt das Gedicht *Der Stockfisch*. Man hat ihm, dem Stockfisch, aufgelauert, und nun, erhascht, zwar nicht verurteilt, aber den gewissen Tod vor Augen, möchte der Stockfisch doch wenigstens wissen, wie es hier auf Erden mit ihm, dem aus dem ihm eigentümlichen Element Entfernten, denn weitergehen soll und was man mit ihm vorhat. Unser Verständnis ist ihm gewiß. "Ein Stockfisch ward in Neufundland gefangen, / Und sprach mit ängstlichem Verlangen / Zum rohen Schiffer: Höre, Mann, / Was hast du mit mir vor?" Was läge in dieser bedrohlichen und ängstigenden Situation denn auch näher als diese Frage? Und welches nicht gänzlich verdumpfte und verviehte und der Menschheit unwürdige Subjekt vermöchte es, einem dergestalt Fragenden keineswegs im gebührenden Ernste und in einer erfreulichen Gediegenheit zu respondieren, sondern täppisch, ja fast läppisch? Da müßte unsere Nase ja freilich arg verstopft sein, wenn wir nicht auf der Seite des Stockfischs stünden. Nun, wir werden sehen. Wir werden unser Wunder erleben. Der

---

[27]GMA 1779, S. 120-122
[28]StMA 1786, S. 35-39
[29]GMA 1792, S. 12

Schiffer nämlich erweist sich schnell als Schande seines Standes und seiner Nation, ja der gesamten Gattung. "Ei nun, fing dieser an, / Das kann ich dir ja leicht vertrauen; / Zuerst wird dir der Kopf vom Rumpf gehauen, / Dann wirst du in die Welt gesandt, / Und ... Himmel! ächzt der Arrestant, / Als träf' ihn schon des Britten Eisen, / Im tiefsten Elegienton, / Was! ohne Kopf? Nun ja, versezt der Schiffspatron, / Es ist die neuste Art zu reisen."[30] Seinem seichten und lausigen Bonmot zur seinerzeit auf kontinentales Unverständnis stoßenden Reiselust der verschrobenen Engländer zuliebe verzichtet der rohe Schiffer auf alle Humanität im Umgang mit dem zum Tode verurteilten Arrestanten. Stockfischen ist eine schöne Urbanität habituell, aber man geht gleichwohl mit ihnen um als wären sie die ärgsten Schelme. Pfeffel berichtet in anderen Gedichten von unerwarteten Vorkommnissen bei projektierten Hinrichtungen respektive Schlachtungen von Tieren.[31]

Wiedersehen

Im frühen 19. Jahrhundert ist die Auferstehung zur bloßen Metapher für das Wiedersehen geworden. Ihr Szenario liefert Bilder für die erwünschte jenseitige Begegnung mit den auf der Erde geliebten Menschen. In früheren Jahrhunderten verzeichneten die deutschsprachigen Grabschriften zumeist, mehr oder weniger ausführlich, die Vita des Verewigten und sie verwendeteten starre und nur gering variierte Formeln wie den Wunsch zu einer fröhlichen Auferstehung oder daß Gott dem Verstorbenen gnädig sein möge. Nun, im frühen 19. Jahrhundert, in der Periode der heiligen Poesie, sind diese wenig poetischen Behelfe überwunden. Die Grabmäler der klassizistischen Friedhöfe werden von Gedichten geschmückt, in denen sich die Familienmitglieder in ihrem Schmerz über den Verlust darstellen und ein Wiedersehen wünschen.

In der Fiktion einer frühen poetischen Inschrift an der Alexanderkirche zu Marbach am Neckar ist die Auferstehung der Verstorbenen gewiß. Die früh Dahingegangene wird einmal bei Gott sein. Die Inschrift sagt aber nicht, daß das Kind wieder mit seinen Verwandten vereint sein wird. Catharina Waldburga Hemmingerin starb 1683 mit viereinhalb Jahren. Ihre Grabschrift verwendet den beliebten Vergleich mit der Blume, die in der Blüte abgemäht wurde. Sie ist ins Paradies verpflanzt worden und wird dort bei der Auferstehung einmal schöner blühen. "EIN KIND DAS WIE EIN SCHÖNE BLUM / HOLDSELIGST AUFGEGANGEN / MIT MÄNNIGLICHEN FREÜD UND RVHM / ZU BLÜHEN ANGEFANGEN / IST IN DER BLÜH / DES MORGENS FRÜH / VOM TOD SCHNEL ABGEMÄET / UND VON DER WELT / INS TODTEN FELD / MIT THRÄNEN HERGESÄET / SEIN BESTER THEIL IST ALBEREIT / INS PARADIES VERSETZET / MIT HÖCHSTER FREÜD UND SELGKEIT, / DEN ENGELN GLEICH ERGÖTZET. / DAS ABGEMÄHT VND HIER GESÄT / WIRD EINMAL GLEICHERWEISE / SICH TREIBEN SCHÖN UND AVFERSTEH̄ / EIN PFLANTZ DES HERN ZUM

[30] VMA 1785, S. 100

[31] Vgl. *Der Schlächter und der Ochse* [VMA 1796, S. 33 f.]; *Das Schaf* [VMA 1786, S. 133 f.]; *Der Stier und der Schöps* [TBV 1801, S. 258]

PREISE." Sie wird den Schöpfer loben; von den Angehörigen ist nicht die Rede. Auf dem Wandgrabmal des "gewesenen 47 Jährigen Hoch Fürstl: Württembg: / Haubt Zollers allhier zu Marbach, und gemeiner Statt / 22 Jährigen Floz Verwalters" Johann Melchior Winters (†1742) an der Alexanderkirche folgen den biographischen Angaben in zehn Zeilen dann zehn Verse, die sich allgemeinen Betrachtungen über den Lauf der Welt und über das Menschenleben, das nach Gottes Willen kürzer oder länger sein kann, sowie der Hoffnung auf die Auferstehung widmen. "Kom̄ sterbliches Geschlecht, schau wie der Menschen Leben / die Weißheit Gottes kan, bald kürtz bald länger geben. / die Kinder hat der Todt, früh Zeitig weg genommen / Der Vatter der hier neben ligt / Und längst zum Sterben sich geschickt / Ist über Assauh Jahr, nicht ohne Müh gekom̄en / Der Leib ist zwar dahier, die Seel in Gottes Hand, / Der seine Müh und Last, in Ruh und Rast gewandt, / Kōmt dann der frohe Tag, der Herrlichkeit gegangen, / Laß Höchster seine Seel, in deinem Reiche prangen." Es wird nicht erwähnt, ob zur Freude an der Herrlichkeit im himmlischen Reich das Wiedersehen mit den auf der Erde teuren Menschen beiträgt. Sie sind noch nicht so wichtig. 1661 skizziert eine vergleichsweise kurze Grabschrift auf einem Wandgrabmal an der Marbacher Alexanderkirche die wichtigsten Lebensdaten der Verstorbenen und nennt die Todesursache und die Zahl der Kinder. "Don̄erstag den 16 Maÿ An̄o 1661 / ist fraw Christina Maria herrn Johan̄ / Jacobs am Endt frst: Wrtb: Vogtens allhier / getrewe hauß Ehr alß eine kindtbetterin christ/seelig entschlaffen in ihre Ruhe hie/hero gelegt, nach dem sie. 37. Jahr. / 4 Monat und. 7. Tag gelebt und. 3. / Söhn und. 3. Töchter erzeü=/=get, hinderlaßen." Unter der Darstellung einer geknickten Blume folgt dann, sehr früh, der Wunsch des Wiedersehens. "Diß Grabmahl ist ein zeüg, / daß zweÿ getrewe hertzen / Der bitter grimmig Todt getren̄et / hat mit schmertzen. / Gott gebe daß Sie dort einander / wiedersehn." Der Schöpfer ist dazu da, das Wiedersehen zu gewähren. Tut er dies, dann ist er gut.

140 Jahre später sind die Viten weitgehend von den Grabmälern verschwunden. Es ist nur noch das Wiedersehen wichtig. Die Hinterbliebenen drängen sich in den Vordergrund. Eine Grabschrift von 1803 auf dem Friedhof zu Weil der Stadt berichtet von der Verpflichtung, welche die Zurückbleibenden gegenüber den Dahingegangenen und dem Schöpfer eingegangen sind. "Wenn wir auf Eurer Asche stehn / Soll unser Geist zum Schöpfer flehn / Dass wir uns jenseits glücklich / wiedersehn." Mit einem Schmetterling im Sternenkranz und einer verlöschenden Fackel schmücken das Wandgrabmal des Decans M. Joh. Friedr. Roos (†1828) an der Marbacher Alexanderkirche antikische Symbole. Darunter sprechen zwei Distichen von der Hoffnung auf ein Wiedersehen. "Schnell entschwindet die Zeit, mit ihr der Gegenwart / Freuden da sie dein Umgang verschönt, floh sie noch / schneller als sonst; möge nun im̄er sie fliehn, wir zürnen / der eilenden nim̄er, führt der beflügelte Schritt doch / zu des Wiedersehns Glück."

In der Grabschrift für Theresia Arco (†1863) auf dem St. Marxer Friedhof zu Wien erwähnt der Zurückbleibende zunächst die Wehmut, mit der er Abschied nahm, und die Erinnerung, in der die Verstorbene ihm weiter gegenwärtig bleibt. "Voll Wehemut sah ich dich versenken / Ich werde deiner stets gedenken". Er freut sich auf die Auferstehung, weil diese ihm die Dahingegangene zurückgeben wird. "Bis einst bei unserm Auferstehen / Wir uns auf ewig wieder sehen". Diese Gewißheit gewinnt er aus der Liebe der Hingegangenen. "Doch was du liebend hier vollbracht / Das sinket nicht in dunkle Nacht / Gesegnet wird es Segen bringen / Und sich zum Gottesthrone schwingen / Oh Wanderer verweilet hier / Und schenket ein Vaterunser ihr!" Es ist zwar noch von der Auferstehung die Rede und von einem Gott, der auf einem Thron sitzt; auch das Vaterunser wird noch gebetet; die rein menschlichen Dinge sind aber viel wichtiger geworden als diese alten christlichen Vorstellungen und Institutionen, die jetzt nur noch dazu dienen, für das erhoffte Wiedersehen Bilder bereitzustellen. Gott ist zur Liebe geworden; die Liebe, nicht mehr Gott, ist die metaphysische Instanz, welche die Fortdauer und das Wiedersehen verbürgt und gewährt. Die Gemeinderäte Jakob (†1860) und Fritz Katz (†1893) sind auf dem Alten Friedhof zu Ludwigsburg bestattet. In der Grabschrift bleibt den armen Herzen derer, die "verwaist" und im "tiefsten Schmerz" dastehen, nur ein Trost: "Es gibt ein Wiederseh'n." Und nur noch dies ist wichtig. Man hat auf so vieles verzichten müssen: auf Gott, der schon bei Hegel zum menschlichen Geist geworden ist, auf die Engel und das gesamte Personal und Inventar der speziellen Metaphysik, auf die Auferstehung. Bliebe nicht wenigstens die Hoffnung auf ein Wiedersehen, dann wäre die Trennung, das endgültige Abbrechen der Beziehung, ganz unerträglich. Sie ist so schon schlimm genug.

Auferstehungsprobleme

"Die Höllenpförtnerin erwiederte: / 'Wie, du vergaßest mein? Mich findest du / So häßlich, die so schön dir schien im Himmel?'" (Milton)

In Tiedges *Urania* stellt sich die Frage, was denn genau auferstehen wird: "Was willst du wiedersehen? / Die Schatten ihrer Seelengüte?" Oder den Blick? Oder das Wangenrot? O nein! "O, alles dieß sind Erdengaben! / Ein, feiner, innrer Sinn, der hier begraben / In tiefer Hülle lag, wird glorreich auferstehn, / Wird jede Geistesblüt entschleiern, / Und wird das große Wiedersehn / Der Liebe und der Tugend feiern." Das konkrete Schöne bleibt also auf der Erde, doch *die Liebe* und *die Tugend* werden sich wiedersehen. Nur die abstrakten Begriffe werden dort, im Jenseits, zusammentreffen. "Anleuchten wird der Stern den Stern; / Die Tugend wird die Tugend wieder finden."[32]

Spottinschriften und Scherzdialoge gestalten das Geschehen bei der Auferstehung und in Himmel und Hölle aus. Wenn die Frau "am jüngsten Tag ersteht", dann will der friedliebende Gatte liegen bleiben; auch der ahnenstolze Junker will weiterruhen, falls es dort keine "Ahnen, Hasen und Fasanen" geben sollte; einem anderen ist die "künft'ge Welt" ohne Kartenspiel, Pferden und Hunden gleichgültig; eine sterbende

[32]C. A. Tiedge, *Urania: Ein lyrisch-didaktisches Gedicht in sechs Gesängen*, Reutlingen, 4. verb. Aufl. o. J., VI. Gesang, Vs. 633-649

"Phryne" befiehlt, ihr "der Auferstehung wegen" sofort noch "frisches Roth" aufzulegen; und der Neider muß in den Himmel, da er dort ewig "Nur Selige" um sich sehen wird.[33] Skrupel hat der Pastor im Gedicht *Ueber Duldung* des Vossischen Musenalmanachs von 1786, weil er einen Freigeist christlich bestattete. Der Pfarrer wendet sich mit seinen Nöten an einen Landwirt. So ist es in der Fiktion dieser scherzhaften Almanach-Gedichte oft; Hinz und Kunz diskutieren nicht nur, ob es häufiger am Markttage oder beim Mistfahren regnet, sondern auch die Todesfälle fürstlicher Maitressen, die Sexualpraktiken ortsansässiger, doch unerreichbarer Kokotten und überhaupt den allgemeinen Weltzustand, justament so als seien gerade sie in alles akkuratest eingeweiht und, wo Entscheidendes sich ereignet, selbstverständlich immer und hautnah dabei. Der Werktätige macht den Pastor auf die ökonomischen Grundlagen klerikaler Lebensführung aufmerksam; zwar hält er die Ansichten des Verewigten für grillenhaft, doch gönnt er in schöner Toleranz dem "armen Mann" seine Ruh und gesteht ihm sogar noch Entscheidungsfreiheit angesichts der herandämmernden, ja anbrechenden Auferweckung des Fleisches zu: "Nehm' Er das Leichengeld doch an, / Und gönn' er Ruh dem armen Mann. / Die Grille wird Er ihm doch nun nicht mehr vertreiben. / Will er, wenn wir aus unsern Gräbern gehn, / Am jüngsten Tage nicht mit auferstehn; / I nu! so mag er liegen bleiben."[34] Häufig malen Spottinschriften aus, wie zu Lebzeiten Inaktive auch von der vehement einsetzenden Auferstehung sich nicht aufschrecken lassen. Im Gedicht *Auf einen trägen Freigeist* wird dieser ideologiekritisch entlarvt; 57 Jahre vor dem *Kommunistischen Manifest* und 76 Jahre vor dem ersten Band des *Kapital* ist dem bescheiden mit *I.* signierenden Verfasser der Einfluß des Seins auf das Bewußtsein evident: "Warum so rasch der träge Witt / Die Auferstehung jüngst bestritt? / Ruhn ist sein einziges Vergnügen: / Drum will er ewig liegen."[35] Die *Grabschrift eines Kleinmütigen* berichtet von einem Zweifelnden, dem der Tod zur Forschungsreise wird; der Ängstliche war "ein Mann, der, als er lebte, / Stets zwischen Glaubenszweifeln schwebte; / Er schied, den Kopf voll Skrupeln voll, / Aus dieser Welt, um von den Schaaren / Des Todtenreiches zu erfahren, / Was man im Leben glauben soll."[36] Haug überliefert *Dubius letzte Worte*: "Du mein Gott und Schöpfer, wenn du wirklich bist, / Rett' auch meine Seele, wenn ich eine habe."[37] Zu einer verbindlichen Festlegung nicht fähig, will der ängstliche Skeptiker Vorsorge für jeden Fall treffen und sich alle Möglichkeiten offen halten. Einem anderen graut es vor der Länge der Ewigkeit.[38] Er faßt, während Hegel und Schleiermacher versuchen, das Unendliche mit dem Endlichen zu vermitteln, die Ewigkeit immer noch zeitlich auf.

---

[33] Vgl. Haug, *X. Grabschrift* [W 1807 Bd I, S. 212 f.]; Goeckingk, *Grabschrift auf Junker Hanssen* [GMA 1776, S. 9]; Langbein, *Die Entsagung* [TBV 1812, S. 239]; J. C. Tutenberg, *Fragment aus dem letzten Willen einer sterbenden Phryne* [GMA 1788, S. 67]; Weisser, *Auf Neidhards Tod* [StMA 1785, S. 26]

[34] VMA 1786, S. 15

[35] VMA 1791, S. 182

[36] VMA 1781, S. 56

[37] W 1840, S. 5

[38] Haug, *Nulls Bangigkeit* [TBV 1813, S. 66]

Dies ist, so Hegel, "ganz schlecht" und "ganz seicht". Die philosophische Diskussion der Zeit schlägt sich in der scherzhaften Lyrik nieder; die neuen Ideen der Denker lassen das früher Selbstverständliche nun albern erscheinen. Einem Trägen, der sich nach Ruhe sehnt, ist Haugs palingenesiekritisches Epigramm *Pigers letzte Besorgniß* gewidmet: "Des dummen Wanderns ist's auf Erden schon genung. / Bewahre mich, mein Gott, vor Seelenwanderung!"[39] Haug formuliert im Epigramm *Über Phömon* scharfe Pietismuskritik: "Fürwahr, genügen sollt' ihm doch, / Daß er ein Schurke ist! / Allein, er treibt es höher noch, / Und wird ein — Pietist!"[40] Seltener machen sich Spottgedichte über *Die Orthodoxen* lustig. Ihnen dienen "Paraplus und Parasol" zum Symbol; "Kein Regen und kein Sonnenschein / Dringt je in ihren Glauben ein."[41] Haug teilt einen Auszug *Aus einem Religionsgspräche* mit. Ein Kapuziner versucht da einen Lutheraner zu überreden, schon die Todesentschlossenheit der Märtyrer müsse aus jedem Menschen einen Christen machen. "Wie nun, Herr Scepticus?" Dieser weist kühl darauf hin, daß so auch "Türkenhorden / In Palästina sich / Auf ihren *Allah* morden" ließen. Der eifernde Kapuziner wehrt in übler Nachrede energisch ab: "Pah, pah, wie lächerlich! / *Die* sind *bestochen* worden."[42]

Schutzgeister

Vor dem endgültigen Zusammensein im Himmel und noch im Zustande der Trennung wünschen sich die Zurückbleibenden, die Dahingegangenen möchten als Schutzgeist am Grabe bei ihnen sein. Sie projizieren ihr inniges Erinnern und ihr intensives Gedenken in die äußere Wirklichkeit. Dort ersteht dann, was eigentlich, im engeren Verstande, nur in den Herzen der Trauernden lebt. Unzer formuliert im Gedicht *An Elisens Geist* zunächst in sechs Strophen vierzehn eindringliche Fragen zu Elisens Fortdauer; zwei weitere Strophen enthalten Bitten an den Geist, welcher erscheinen soll; die letzten vier Strophen gestalten die Vision des Zusammenseins zu zweit.[43] Reichardt stellt sich im *Grablied* vor, wie schön es wäre, wenn die liebe Verstorbene um Mitternacht erschiene und auf alle bedrängenden Fragen verbindliche Auskunft erteilte: "Daß dein Flüstern mich belehre: / Ob den Frieden jener Welt / Ob die Ruh' in beßrer Sfäre, / Angedenken nicht vergällt?"[44] Schutzgeister erscheinen den Menschen zu einer Uhrzeit, zu der viele bereits schlafen. Sie flüstern so leise, daß man meist nicht sicher weiß, ob nicht doch das eigene Herz oder eine andere Instanz der eigenen Gemütsapparatur gesprochen hat. In den meisten Gedichten, die sich mit der Vorstellung vom Schutzgeist befassen, wird dieser von dem Zurückbleibenden sehnsüchtig herbeigewünscht. Der Schutzgeist schwebt am Grabe und hält die Verbindung zu seinen Angehörigen aufrecht. Anders ist es in *Marie Adams Sterbelied* des Autors *Sch.* Marie Adams fühlt

[39] W 1807 Bd I, S. 9
[40] VMA 1800, S. 182
[41] StMA 1782, S. 52
[42] StMA 1793, S. 11
[43] GMA 1773, S. 77-79
[44] VMA 1779, S. 179

sich nach wiederholten Begegnungen mit dem "weißen Geist" von diesem belästigt. "Dann kreuz' und segn' ich: Adam du! / Bleib doch in deinem Grabe, / Und laß auf Erden mich in Ruh, / Bis ichs vollendet habe!"[45] Klopstock macht im Gedicht *Die Erscheinung* verständlich, was einen Verstorbenen zur unverhofften Wiederkehr bewegen kann. Selma wendet ihr Auge weg, denn sie liebt das lyrische Ich nicht. Dieses stellt sich nun anschaulich vor, wie es dereinst im toten Zustande zu der ehedem so spröden Geliebten kommen wird. "Aber wie, wenn ich zu dir, / Todt nun, komme, Schreckengestalt dir, / Der Bebenden, erscheine; / Du dann auch nicht weinen kannst? / Ach, in dunkler Nacht, zu dir, / Todt nun, komme, / Todt nun, todt nun; / Du dann auch nicht weinen kannt? / Voller Graun nur rufen kannst."[46] Letztlich beschließt es dann aber doch, auf die unerwünschte Wiederkehr zu verzichten.

Der Club der toten Dichter

"Als Zerberus der Hund der Hölle / Des Orpheus Saitenspiel vernahm, / Da schwieg sein fürchterlich Gebelle, / Sein Grimm verschwand, er wurde zahm. / Willst du dereinst ins Reich der Todten eilen, / Wie scheußlich wird das Unthier heulen!" (Pr., Auf einen schlechten Musikus)

Man will sich wiedersehen und man verehrt die Dichter. In dieser Konstellation liegt es nahe, sich vorzustellen und auszumalen, welche Dichter wohl im Jenseits miteinander zusammentreffen und dort eine schöne Geselligkeit pflegen werden. Den "zu den besseren Schatten" gehenden Goethe empfangen, so *J. G. S. An Göthe*, Schiller, "der gleiche Freund, ihm vorangegangen", Homer, der "blinde Bard'", und der "Britt'", wohl nicht Newton — was aus dessen Gehirn sproßt, wird noch geklärt —, sondern Shakespeare tritt ihm entgegen.[47] Im Traum kann das Wiedersehen mit dem großen Vorbild Shakespeare auch einmal fatal mißlingen. Dem von schweren Träumen geplagten Tieck läuft im Jenseits Shakespeare davon. Er kann ihn nicht erreichen. Irdisches setzt sich droben fort. Aber das sind ja nur Träume. Und die sind nur Schäume (Karl Valentin). Letztlich geht alles doch noch gut aus.[48] Offensichtlich ist eine Wahl der besonderen Unsterblichkeit möglich. *J. G. S.* wendet sich *An Göthe*: "Der Sänger mit den zwei Unsterblichkeiten / Wählt die, so Göthe's Weisen ihm bereiten." Die Unsterblichkeit ist doch nur die leblose der Schatten. "Und jeder Zeit entwandelte Geschlechte, / Sie reichen als Genossen dir die Rechte."[49] Auch Gleim, so meint wenig überzeugend Tiedge in der *Urania*, steht zwischen zwei Unsterblichkeiten.[50] Daß Goe-

---

[45]VMA 1778, S. 56-56

[46]VMA 1778, S. 3-6

[47]DM 1812, 1. Qu., S. 194 f.

[48]Vgl. Rudolf Köpke, *Ludwig Tieck: Erinnerungen aus dem Leben des Dichters nach dessen mündlichen und schriftlichen Mitteilungen*, Erster und zweiter Teil, Darmstadt, unveränderter reprogr. Nachdr. d. Ausg. Leipzig 1855, Teil II, S. 127; S. 148

[49]DM 1812, 1. Qu., S. 194 f.

[50]A. a. O., S. 5

the Schiller trifft, sahen wir oben. Schiller aber zieht Lessings Gesellschaft durchaus vor, weiß Stäudlin im Gedicht *An Schiller: Als eine falsche Nachricht von seinem Tod erschollen war, im Sommer 1791.*[51] Der *Geist der Liebe*, so Kosegarten im gleichnamigen Gedicht, die "Kraft der Kräfte" ist es, die "Messiaden dichtet".[52] Homer sitzt, kann besagter Kosegarten weiter in *Was schwindet und was bleibet* berichten, unter Klopstocks Palmen.[53] Flemming schrieb Verse *Auf Opizens Tod.* Zu Homer möchten die meisten: "So zeuch denn hin in dein Elyserfeld, / Du Pindar, du Homer, du Naso unsrer Zeiten, / Und untermenge dich mich jenen großen Leuten, / Die ganz in deinem Geist sich hatten hier verstellt."[54] Stäudlin ergänzt im Gedicht *Genius*: "Wie der Vorwelt Sänger, Homer / Und Oßian, schläft bei den Vätern / Der grosse Milton!"[55] F. L. Stolberg wünscht in der *Elegie auf Vater Bodmer*, "Vater Homer" möge das lyrische Ich mit dem zürnenden Bodmer dort aussöhnen, wo die "heiligen Sänger von allen Zeiten und Zungen" versammelt sind; beide werden dem "Celten Ossian lauschen".[56] Rabener trifft, so dichtet *Gr. v. H. Auf Rabeners Tod*, Kleist, Hagedorn, Gisecke, Winkelmann.[57] Kleists Gesellschaft, berichtet *V. K. Ueber den Tod*, ist gesucht.[58] Und Klopstock, in dem der Geist der Liebe gedichtet hat und dessen Palmen Homer umrauschen, sucht, wie *Klopstocks Ode an seine Fanny* zu entnehmen ist, Pope und Addison.[59]

Ebert unterhält sich in Jung–Stillings *Lebensgeschichte* mit Nachbar Stähler. Er will im Jenseits die "heiligen Männer" Luther, Calvinus, Öcolampadius, Bucerus sehen; der Nachbar wundert sich und fragt, ob er die denn alle persönlich gekannt habe.[60] Ebert muß verneinen.

Flora und Fortdauer

Die Diskussion über die Möglichkeit einer jeden metaphysica specialis, die als exakte Eschatologie wird auftreten können, ist um Achtzehnhundert von der philosophischen Diskussion in die Dilettantendichtung hinuntergerutscht. Eine empirische Eschatologie in der Lyrik der Goethezeit will klären, wer a) im Jenseits wen trifft und was b) aus welchem Körperteil wird, d. i. was, im engeren Verstande, a) coelestisch und b) terrestrisch geschieht. Welche Dichter zusammensein werden, haben wir geklärt. Betrachten wir nun, welchen Blumen aus dem Körper erwachsen.

Aus dem Körper, sagt Salis vom *Gottesacker*, werden Blumen.[61] Bald, erfahren

[51] StMA 1793, S. 161
[52] GMA 1788, S. 37
[53] GMA 1788, S. 8
[54] GMA 1779, S. 24
[55] StMA 1786, S. 138
[56] VMA 1781, S. 6
[57] AdtM 1774, S. 188-193
[58] GMA 1777, S. 165
[59] AdtM 1771, S. 155
[60] München 1968, S. 6 f.
[61] VMA 1797, S. 109

wir von seinem Gedicht *Im Frühling*, wachsen die Blumen auf unserm Grab.[62] Buri wünscht sich im *Hain der Schwermuth*, seine Gebeine möchten im Hain gesät werden, damit seine Asche in der auferstehenden Blume erblühen kann.[63] Weiter wird genau geklärt, welche Blume aus welchem Körperteil wächst. Daß aus dem Herzen die verschiedensten Blumen und Liebesrosen wachsen, erfährt der Leser des Eckschen Poems *Ein Stern.*[64] Im *Grablied* macht Reichardt genaue Angaben: "Aus dem Staub der blauen Augen / Sprießt nun auf Vergißnichtmein. / Und der Sonne Stralen saugen / Ihrer Wangen Rosen ein."[65] So werden letztlich aus Rosen in einem Kreislauf über die Wangen und die Sonne Vergißmeinnicht zurückgewonnen. Auch aus dem Gehirn wachsen Blumen, auch wenn Tiedge es nicht recht glauben will: "Der große Britte schwand [...] Und Blumen keimten nur hervor aus dem Gehirne, / Worin ein Weltsystem gewohnt?"[66] Aus den Tränen der Enkel, hat Hölty herausgefunden und im Gedicht *Der alte Landmann an seinen Sohn* mitgeteilt, treiben Sommerblumen.[67] Das Blut des Adonis "erwächst in der Erde zu Blumen: / Rosen erzeugt das Blut, und den Thränen entglühn Anemonen", berichtet Voss von der *Todesfeier des Adonis, nach Bion.*[68] Die Blumen haben ihr eigenes Schicksal. Julie Penz wünscht sich im Gedicht *Bei einer Beerdigung in einer Kirche*, daß "wenn mit dem kalten Abschiedskuß / Des Todes blasser Genius" ihr traulich gewunken hat, im "lieben offnen Lindenhain" eingesenkt zu werden. "Manch Veilchen, voll von süßem Duft, / Blüht dann vielleicht auf meiner Gruft / Aus meiner Asch' herauf." Sie erwägt: "Vielleicht pflückt dieses Blümchen dann / Ein edles Weib — ein guter Mann, / Und weint ein Thränchen drauf."[69] Buri bedichtet *Die Blume des Schwestergrabes*: "Laßt dieses Blümchen mich dem Moos entpflücken, / Das die Natur aus eurer Asche trieb. / Im Wahn, etwas von euch ans Herz zu drücken, / Gewinn' ich dieses Kind des Moders lieb."[70] Es kann, so *M.* in der *Elegie*, eine fremde Blume, die Totengabe eines Freundes, von einer Untreuen gepflückt werden.[71] Oder man selber ist zur Blume geworden und wird gepflückt sowie an den "weissen Busen" der Diebin gedrückt. Reichardt gestaltet diesbezügliche Erlebnisse im Gedicht *An den verstorbenen Dichter Unzer.*[72] Manchmal, so Conz *Im December*, wird die Blume zuvor auch noch zerknickt.[73] Sie kann aber auch einmal wirklich, wie sich Reichardt das wünscht, gepflückt, am Busen getragen und sogar noch versandt werden. Frau v. Korzfleisch gesteht Einschlägiges bedenkenlos in ihrem Gedicht *An eine Freundin, bei Überschickung einer Rosenknospe von Kleists Grabe*

---

[62]VMA 1786, S. 94
[63]GMA 1799, S. 46
[64]DtMA 1840, S. 257
[65]VMA 1779, S. 178
[66]*Urania*, a. a. O., III. Gesang, Vs. 129-132
[67]VMA 1779, S. 120
[68]VMA 1797, S. 206
[69]VMA 1800, S. 49 f.
[70]TBLF 1806, S. 217
[71]AdtM 1774, S. 164-166
[72]AdtM 1779, S. 273
[73]StMA 1786, S. 33

ein.[74] Gleim aber hat aufgepaßt und gemerkt, daß der Grabschmuck verschwunden ist. Tiefes kreatürliches Mitleiden erfüllt ihn; der Dichter richtet schwerblütige Verse *An das Blümchen von Kleist's Grabe*: "Nach ihm hat keines Freundes Liebe / Sein langes Leben so beglückt! / Und, o du Blümchen, eine Stolberg / Hat von dem Grabe dich gepflückt!"[75] Erscheint so in Gleims Augen das Entwenden der Rose fragwürdig, ja verwerflich, erlaubt die Inschrift *Auf einen treuen Freund* in Haßlers Sammlung von 1819 ein Vergißmeinnichtpflücken. So manches wird am Grabe zusammengeredet. "Doch die Freundschaft soll sich bücken, / Unbekümmert, wer sie sieht. / Ein Vergißmeinnicht zu pflücken, / Das aus seiner Asche glüht."[76]

Klopstock und die Kleinfamilie

Klopstock wird um Achtzehnhundert zum beliebten Dichter der Familienbeziehungen, weil er in seinem Epos die Verhältnisse in der Kleinfamilie gestaltet und Möglichkeiten einer fortdauernden Verbindung zwischen den Lebenden und den Toten aufzeigt. Der *Messias* stellt Vorbilder für das innige irdische Trauern und für das Verhalten beim jenseitigen Wiedersehen naher Verwandter bereit. Wem die heilige Poesie zur Religion geworden ist, ohne daß er deshalb mit dem Christentum völlig brechen möchte, der ziert sein Grabmal oder das der ihm nahen und teuren Menschen mit Versen aus dem *Messias* des heiligen Dichters Klopstock. Auf dem Stuttgarter Hoppenlau-Friedhof, einem der schönsten Friedhöfe der klassizistischen Periode um Achtzehnhundert, finden sich auf vier Grabmälern des 19. Jahrhunderts dreizehn *Messias*-Zitate. Unter der Darstellung einer Harfe steht auf Theodor Plieningers Grabmal (†1840): "APOC. 21, 4. / SCHWEIG' DENN, DU THRÄ/NE, DIE IN WEHMUT / TROST WEINT, / MACHE DAS HERZ NICHT / WEICH, TRÖSTE NICHT / MEHR / IST AM ZIELE DENN NICHT VOLLENDUNG, / NICHT IM THALE DES TO/DES WONNEGESANG? / MESS. XX." Es sind die Verse 140-143.[77] Aus der Fixierung des *Messias*-Textes zwischen der Bibelstelle und der Angabe des *Messias*-Gesangs wird deutlich, wie Klopstock im 19. Jahrhundert von den Christen, denen gleichwohl die heilig gewordene Poesie bedeutend war, gelesen wurde. Man hat während der *Messias*-Lektüre darauf geachtet und danach gesucht, auf welche Bibelstelle sich die jeweilige *Messias*-Passage stützt und dann die aufgefundene Belegstelle auf dem Grabmal ganz oben, über dem *Messias*-Auszug, mit verzeichnet. Klopstock hat die Bibel gelesen und dann sein Epos geschrieben; seine frommen, gleichwohl aber für hohe Literatur empfänglichen geselligen und gebildeten Leser überprüfen beflissen, ob denn auch wirklich den einzelnen *Messias*-Episoden das authentische göttliche Wort zugrunde liegt. Eines der *Messias*-Zitate auf dem Grabmal Wilhelmine Mathilde Juliane Plieningers (†1852) ist unter einer Taube mit einem Zweig im Schnabel angebracht. Verwendet werden die Verse 592-595. "2 TIM.

[74] BG S. 185

[75] GMA 1798, S. 103 f.

[76] S. 115

[77] In: Friedrich Gottlieb Klopstock, *Ausgewählte Werke*, München 1962

2, II / ICH WÜNSCHTE MIT / DIR ZU ENTSCHLUM/MERN / MEINE SCHWESTER / WEÑ SIE NUN RUFET / DIE STIMME DES TO/DES / O SIE WIRD MELODI/SCHER MIR WIE DES / TEMPELS GESANG / SEIN / IN DEM DANKENDEN / TAGE DES GROSSEN / HALLELUJA. / MESS. XII." Eine Nebenhandlung des *Messias* berichtet von Cidli und Semida. Sie haben sich trotz ihrer Liebe um Christi willen voneinander getrennt. Sie haben darauf verzichtet einander wiederzusehen, um stattdessen in Not Geratene zu retten. Endlich kommen sie doch zusammen und erhalten ihren wohlverdienten Lohn. Sie werden verklärt. Auf dem Grabmal Theodor Plieningers befindet sich ein Auszug aus dieser Episode. "JOH. 16. 22. / WIEDERSEHEN, O DU DER / LIEBENDEN WIEDERSEHEN, / WENN BEI DEM STAUBE / DES EINEN NUN AUCH DES / ANDEREN STAUB RUHT: / MESS. XVI." Es sind die Verse 1548-1549 des XV. Gesanges.

Die *Messias*-Zitate des Friedhofs sind Familiengeschichten entnommen, nämlich den Episoden um das entsagende Paar Cidli und Semida, um Samma und Benoni, einen früh verklärten Jungen und seinen Vater, sowie um Lazarus und seine Schwestern. Die von ihrer Erwerbstätigkeit in der bürgerlichen Gesellschaft zermürbten Mitglieder derselben suchen Erbauung und Entspannung im engen Familienkreis; wenn es ihnen um ihre Verewigung geht, dann wählen sie den in erhabener Sprache ein christliches Epos dichtenden heiligen Poeten Klopstock, der das Christentum mit der Antike versöhnt; und in seinem Werk sind ihnen in dieser Kultur des Beeindruckens und Imponierens, welche auf allgemein anerkannte und hochgeschätzte Bildungsgüter rekurriert, die aus der eigenen Lebenspraxis vertrauten Episoden um die innigen und unauflöslichen irdischen und himmlischen Familienbande am liebsten. Wenn in der biographischen und fiktionalen Literatur der Zeit — etwa in den Lebenserinnerungen des auf dem Hoppenlau-Friedhof bestatteten Schubart oder in Millers Roman *Siegwart* — von besonders ergreifenden *Messias*-Abschnitten berichtet wird, dann sind dies immer diese um Familiäres kreisenden Episoden, aus denen auch die Inschriften des Hoppenlau-Friedhofs zitieren. Klopstocks erste Gattin Meta hat sich unter zwei Sarginschriften eine gewünscht, die auch auf einem Grabmal des Hoppenlau-Friedhofs, dem Theodor Plieningers, vertreten ist. Die Inschrift auf Meta Klopstocks Sarg und die auf dem Hoppenlau-Friedhof zitieren die Verse 732-736 des XII. *Messias*-Gesangs. Die Vollendete Maria schwebt empor. Auskunftsmittel ist das Gefühl. Es weissagt Erfreuliches. "2 COR. 3. 18. / TAUSEND STUFEN BIN ICH ZUM WESEN DER / WESEN ERHOBEN! / WERD' ICH EINST AN DEM TAGE DER TAGE / VERKLAERET, — DIES WEISSAGT / MIR MEIN GEFUEHL — DANN WERD ICH NOCH / ÜBER TAUSEND MICH SCHWINGEN / WERD' ICH IN DER HÜLLE MIR DANN VIEL / SCHÖNERE WELTEN / WERD' ICH OHNE DER WELTEN HÜLLE DEN EWIGEN SCHAUEN / [ ]".

Minimalistische Matrimonialmoral

"Ort, der mir nur Verdruß statt Glück und Ruhe gab, / Nichts werthes hast du mir, als meines Hannchens Grab." (Hr. Kästner, Nach dem Tode seiner Gattin) "Sie meine Hälfte? — Lieber Gott, / So mache mich zur Hälfte todt!" (Weisser, Seufzer eines Ehemannes)

Die engen Bande und die innigen Bindungen in der Kleinfamilie erfahren im frühen 19. Jahrhundert eine bis dahin einzigartige Verklärung. Gedichte, Romane, Lebenserinnerungen, Predigten, Todesanzeigen heben hervor, wie einzigartig, unvergleichlich, wert und teuer die lieben Angehörigen sind. Sie werden hochgeschätzt und gelten als unersetzlich. Stirbt ein Familienglied, dann ist dies, glaubt man den mehr oder minder ephemeren Bekundungen des poetischen Geistes auf den Grabmälern, in den Predigten und in den Anzeigen, schlimm und vernichtend für die Zurückbleibenden, die trauernden Hinterbliebenen, die wahren Opfer, nicht aber für den, der dahinging, der verewigt ist, der einging in Gott, der in Frieden ruht und dem nun wohl ist. Innig sehnt man sich nach einem jenseitigen Wiedersehen da drüben, und man ist sich gewiß, daß bis dahin der Verewigte seinen Angehörigen als Schutzgeist noch und wieder nah ist. Man war auf Erden zusammen, man wird sich im Himmel wiedersehen und dort wiedervereinigt werden, und man will auch die Zeit dazwischen gemeinsam verbringen.

Sonst ist alles im frühen 19. Jahrhundert unsicher. Die wirtschaftliche Dynamik wird als bedrohlich empfunden, die napoleonischen Kriege ziehen über Europa, die alten gesellschaftlichen Ordnungen sind zusammengebrochen. Alles ist im Fluß und niemand überblickt die weitere Entwicklung. Man sehnt sich nach Sicherheit. Die empirische Wirklichkeit bedroht und bedrängt das vor so viel kategorial Neues gestellte und entsprechend verängstigte Gemüt. Da soll wenigstens die Familie Geborgenheit vermitteln. Sie soll Bestätigungen bereitstellen, die im öffentlichen Leben erst mühsam errungen werden müssen, ohne daß man sich da je des Erfolges sicher sein könnte. Die Kindersterblichkeit ist in Maßen zurückgegangen; dies ermöglicht erst, die Affekte auf die jüngsten Familienangehörigen zu richten und zu intensivieren, ohne daß dauernd die Katastrophe, das schmerzliche Abbrechen dieser Beziehung durch den Tod des Kindes, vor Augen stünde. Die Mitglieder der Kleinfamilie lieben sich innig und machen davon Mitteilung.

Die Almanachkultur der vorangegangenen Jahrzehnte vermittelt ein ganz anderes Bild. Zahlreiche Epigramme des ausklingenden 18. Jahrhunderts machen sich über desolate Eheverhältnisse lustig. Die Kinder kommen nicht in den Blick, sie sind keine ergiebigen Objekte für die dichtenden Dilettanten. Die Ehe ist, glaubt man den Spottgedichten, die ruinöseste, korrumpierendste und inhumanste aller Institutionen der vorbürgerlichen Gesellschaft. *Auf die Sage von Aufhebung des Cälibats* hin schreibt U. Petrak, er glaube nun erst, wo man ihnen "Weiber geben" will, fast, daß man die Priester "zur Zeit, in der wir leben", kränke, verfolge und hasse;[78] "Kein Kräutchen hilft", meint resigniert in Weissers Gedicht *Der kranke Ehmann zum Arzt*, es wäre

[78] WMA 1785, S. 34

denn "Gewachsen auf dem Grab — von meinem Weibe";[79] *Die betrübte Witwe* Lucia weint nicht etwa um ihren dahingegangenen Mann, sondern weil sie "Morgen nicht zum Balle gehen kann";[80] und in der *Grabschrift einer Xantippe nach dem Französischen* hebt der Witwer hervor, wie wohl ihm nach ihrem Ableben ist.[81] Die Ehegatten sehnen sich in dieser schlechten, von den Bürgern, die sich als Poeten geben, gestalteten Wirklichkeit inbrünstig nach dem ganz Anderen. Die Ehemänner werden zu ihren Lebzeiten systematisch und täglich mehrmals betrogen. Das Eheleben *Professor Knaufs* ist in keiner Hinsicht singulär; musterhaft aber versteht er es, gerade auf die ehelichen Defizite seine Laufbahn als Polemiker zu gründen. Knauf ist "weltberühmt im Streit", weil "Madam ihm täglich Hörner leiht."[82] Die geschundenen Ehegatten freuen sich, wenn der Tod mit ihnen rivalisiert; Nachbar Velten in Friedr. Albr. Meyers Gedicht *Der Ehemann* bedankt sich sogar dafür, daß der Tod sein "Weibchen zu tode geküßt" hat.[83] Ein anderer fröhlicher Witwer bekennt in der *Grabschrift. Nach dem Englischen*: "Hier liegt mein Weib im Arm des Todes. Laßt sie liegen! / Solch eine Hahnreyschaft ertrag' ich mit Vergnügen."[84] Offenbar hat der heitere Hinterbliebene zu Lebzeiten der Verewigten ausgiebige und unerwünschte Erfahrungen mit anderweitigen unliebsamen hahnreihaften Verhältnissen machen müssen. So kann er nun freilich recht vergnügt sein. Inschriften und Dialoge bestätigen, daß den geplagten Ehemännern nur der eigene Tod oder der der Gattin Ruhe bringt.[85]

Dialoge mit dem Mond

"Pfui, schäme dich, als Heuchler zu erscheinen! / Du lächelst hold, und wirfst zugleich mit Steinen." (Langbein, An den Mond)

Der Vossische Musenalmanach von 1791 enthält das Epigramm *Auf einen versoffenen Hahnrei*: "Wer gleicht dem Mond so leibhaft, als Herr Werner? / Bald ist er voll, und bald bekommt er Hörner."[86] Betrunkene reden gerne den Mond an. Er ist ein dankbarer Zuhörer. Ob der Held des Gedichts *Der Säufer an den Vollmond* unter seiner Gattin litt und von ihr in die Trunksucht getrieben wurde, geht aus dem Text nicht hervor. Es ist gut möglich. Er sieht sich vom Gedankenfreund angegriffen und pocht auf seine vermeintliche Überlegenheit: "Warum, mein lieber Mond, sieht Er / So hoch und kalt auf mich daher? / Doch wohl nicht Seiner Völle wegen? / O da bin ich Ihm überlegen! / Denn Er, mein Lieber, weiß er wohl? / Ist Einmal nur im

[79] StMA 1784, S. 202
[80] GMA 1770, S. 117
[81] GMA 1784, S. 149
[82] VMA 1786, S. 98
[83] VMA 1789, S. 95
[84] WMA 1789, S. 25
[85] Vgl. M. K., *Die trauernde Witwe* [GMA 1793, S. 102]; F., *Der Ehmann und der Junggeselle* [StMA 1784, S. 34]; *Auf eine Zänkerinn* [Haßler 1819, S. 24]
[86] S. 16

Monat voll!"[87] Unemphatisch und pöbelhaft gehen die trunksüchtigen Hahnreie mit dem biederen und in sich gekehrten Trabanten um. Der Mond gilt dem betrogenen Ehegatten als sein bester Freund, er macht an ihm die eigenen Züge aus. *Der halbe Mond* muß von einem gepeinigten Ehemann es sich sagen lassen: "Als, von der Eifersucht gequälet, / Der Mann der lockern Delia / Des Mondes Silberhörner sah, / Rief er: Ach! der ist auch vermählet!"[88] Ähnlichkeit mit dem blühenden Vollmond hat, wohl infolge seiner eigenen Völlerei, auch ein Pfarrer, und dies läßt für sein jenseitiges Geschick Schlimmes befürchten: "Sie sollen einst vor Gottes Thron / Hell leuchten wie des Himmels Licht. / Ach unsers Pfarrers Angesicht / Glänzt wie der Vollmond izo schon: / Drum fürcht' ich, daß zu jener Frist / Sein Glanz im lezten Viertel ist."[89]

Selbstmorde und die Unwilligkeit zu trauern

"Wer wird sich einen Liebling wählen, / Der weiter nichts als seufzen kann?" (Ode an eine Witwe)

Die Frauen betrügen die Männer und sie bringen sie um. Wo einmal solche menschenvernichtenden Zustände eingerissen sind, da muß es löblich, ja vorbildlich erscheinen, wenn eine Frau einmal ihren Gatten nicht auf direktem Wege beseitigt, sondern ihn, ganz human, bloß in den Suizid treibt. Infolge dieser, wie man meint, rühmlichen und der Anerkennung werten Tat wird sie sofort zum begehrenswerten Heiratsobjekt für einen lebenserfahrenen Dritten. "Was auch die Lästerzungen schrein, / Frau Trix, die Wittwe, will ich frein! / Denkt nur, um von ihr loszukommen, / Hat ihr Gemahl jüngst Gift genommen. / O braves Weib, die ihren Mann / Nicht selbst zu Tode quälen kann!"[90] Ein anderer ist betrogen worden und er weiß, daß nun eine kühne Tat gefordert wäre. Doch es fehlt ihm dazu die rechte Lust. "Fips war durch Sylvien jüngst hintergangen worden; / Drum griff er schnell zum Stahl und drohte sich zu morden. / Man sah ihm ruhig zu. Da rief er ärgerlich: / Verdammt! ihr steht und gafft, und keiner hindert mich!"[91] Männer und Frauen lassen, ist ihr Ehepartner verschieden und in die Ewigkeit eingegangen, jede ernsthafte Bereitschaft zu trauern vermissen. Eine innige Trauerarbeit kommt nicht zustande. Dietrich Menschenschreck berichtet aus seiner Sicht vom *Werth des Christenthums*: "'Sein junges schönes Weib ist todt; / Nun wird er Welt und Schicksal hassen!' — / O damit hat es keine Noth, / Ein guter Christ weiß sich zu fassen."[92] Als Lisette zur Witwe avanciert, ist es ein günstiges Geschick, daß das Möpschen auch gleich darauf stirbt, denn "Gerührten Herzens fällt's nunmehr / Der armen Witwe gar nicht schwer / Zu weinen an der Gruft des Gatten."[93]

---

[87]VMA 1789, S. 199
[88]VMA 1800, S. 84
[89]T., *Bedenklichkeit* [VMA 1788, S. 209]
[90]W., *Die will ich frein!* [VMA 1792, S. 118]
[91]Brumleu, *Der Selbstmord* [GMA 1785, S. 119]
[92]GMA 1789, S. 139
[93]Weisser, *Die gerührte Witwe* [GMA 1792, S. 118]

Freilich sind nicht nur die Beziehungen zwischen den Ehepartnern frostig, sondern auch unter den Familienmitgliedern verschiedener Generationen steht es sehr schlecht. Haug muß sich mit harten Worten *An Guido* wenden, den das Ableben seines Erzeugers erheitert: "Dein Vater starb. Du weintest nicht, / Und sprachst mit heitrem Angesicht: / 'Ein Stoiker muß Schmerz verhöhnen.' / Vergebens willst du, Bösewicht, / Natur mit Kunst beschönen."[94]

Ein Gelehrter indes träumt bereits zu Lebzeiten seiner wohl illiteraten, doch nicht uncharmanten Ehefrau von Ersatz und Abwechslung; die Almanachkultur liefert ihm, als er zur Artikulation seiner Herzenswünsche provoziert wird, einen artigen Vergleich. "Die Frau: Wär' ich doch ein Buch! alsdann / würd' ich dich wohl mehr erfreuen. / Der Mann: Ja, ein Almanach! alsdann / Hätt' ich jährlich einen neuen."[95] Wo die matrimonialen Bindungen so wenig intensiv sind, dürfte die Frage, ob man nach dem Ableben der so wenig hochgeschätzten Gattin erneut heiraten darf, eigentlich gar nicht allzusehr belasten. Man ist ja froh, einer das Gemüt belastenden Plage ledig geworden zu sein. Aber soll man denn denselben vermeintlichen Fehler ein zweitesmal machen? Das sterbende Nettchen wünscht ihrem Mann alles Schlechte, doch der vielfach Geprüfte wird diesmal auf der Hut sein und hat eine treffliche Responsion parat. "Nur eine Gattin, wie Megäre, / Wünscht Nettchen mit dem letzten Hauch / Dem Kleon, wenn er untreu wäre, / Und freite nach der Wittwer Brauch — / Er sprach: Du brauchest dich nicht zu grämen; / Man darf ja nie zwey Schwestern nehmen!"[96]

Ein affirmativer Umgang der Geschlechter miteinander scheint nur unter edlen Wilden möglich zu sein. Wer sich in diesen Kreisen auf die Natur verläßt und ihre Lehren annimmt, dem wird schnell wieder wohl. Ein nordischer Wilder muß klagen: "Mein Weib, mein süsses Weib ist hin!" Mit ihr floh sein "Geist dahin", doch "nach Tag und Jahr" kommt der Geist zurück, um ihm "Tag und Nacht zu sagen, / Wie süß des Weibes Liebe war." Der Trauernde war in die Wildnis geflohen, doch überall ward er durch die Täubin und den Tauber, durch die Wasserente und ihr Männchen eindringlich und mit Nachdruck darauf verwiesen, "Wie süß der Liebe Wollust ist!" Alle in der Fauna, vom Wurm bis fast zum Cherub, wissen es, und zuletzt muß auch er, der nordische Wilde, es einsehen. So kehrt er denn in sein Haus zurück und fordert Mädchen aller Art dazu auf, ihm zu zeigen, "Wie süß der Liebe Wohlthat sey!"[97]

---

[94]TBV 1798, S. 187

[95]v. Einem, *Der Gelehrte und seine Frau* [GMA 1793, S. 219]

[96]V., *Das Testament (nach dem Französischen)* [AdtM 1779, S. 264]

[97]Kretschmann, *Lied eines nordischen Wilden* [GMA 1773, S. 8 f.]

Der heilige Dichter Klopstock

"Heil mir! daß ich ein Deutscher bin! / Der Mann, dein Stolz, o Vaterland, / Der gottgegebne Sänger Gottes, / Sang dich, wie Gott!" (Sprickmann, An Klopstock. Den 12. März 1776)

Ein Grabmal des Stuttgarter Hoppenlau-Friedhofs zeigt einen bebänderten Blumenkranz und mit einem Stab, um den sich zwei Schlangen mit Vogelköpfen winden, zwei umgekehrten Fackeln und einem Flügelpaar die Attribute des Gottes Hermes. Der hier Bestattete, Gottlieb Friedrich Otto (†1816), ist Handelsmann gewesen und so war Hermes sein Gott. Die Inschrift auf dem Grabmal des Handelsmannes Gottlieb Friedrich Otto stellt den Vers 1220 aus dem XV. Gesang des von Friedrich Gottlieb Klopstock gedichteten *Messias* vor.

"Dieses Leben ist Schlaf
aus dem
ein letzter uns
aufweckt.
Klopstock"

Der Tod ist der letzte Schlaf. Klopstock entscheidet sich für den Euphemismus. Dieser Schlaf währt bis zur Auferstehung. Sie läßt uns endgültig erwachen. So weckt der letzte Schlaf uns auf. Der Todesschlaf ist die letzte Nacht. Darda erinnert sich im XI. Gesang des *Messias*: "Kurz war mein übriges Leben; / Wenige Nächte, da kam mit dem Todesschlafe die letzte."[98] Klopstock ist mit seinen zwei Frauen Meta und Johanna Elisabeth auf dem Friedhof in Ottensen bei Hamburg beigesetzt. Seine Inschrift beginnt: "BEY SEINER META UND BEY SEINEM KINDE RUHET / FRIEDRICH GOTTLIEB KLOPSTOCK / ER WARD GEBOREN D: 2 IULY 1724 / ER STARB D: 14 MÄRZ 1803". Klopstock galt den Deutschen als ihr größter Dichter und den Christen als ihr heiliger Sänger. Nachdem die Inschrift die Deutschen und die Christen aufgefordert hat, an die Reliquien des Dichters mit ehrfürchtiger Liebe und mit wehmütiger Wonne heranzutreten, nennt sie die herausragende irdische Leistung des Verewigten. "DEUTSCHE NAHET MIT EHRFURCHT UND MIT LIEBE / DER HÜLLE EURES GRÖSTEN DICHTERS / NAHET IHR CHRISTEN MIT WEHMUTH UND MIT WONNE / DER RUHESTÄTE DES HEILIGEN SÄNGERS, / DESSEN GESANG, LEBEN UND TOD IESUM CHRISTUM PRIESS / ER SANG DEN MENSCHEN MENSCHLICH DEN EWIGEN, / DEN MITTLER GOTTES." Gott schickte uns vor zweitausend Jahren seinen Sohn als Mittler; da die Aufzeichnungen der Evangelisten nicht den sprachlichen Ansprüchen genügen, welche die Periode der heiligen Poesie auch an die Äußerungen des Mittlers Christus und an die Berichte über sein irdisches Wirken stellt, mußte Gott uns den heiligen Dichter Klopstock senden, damit er das zu Beginn unserer Zeitrechnung Niedergeschriebene bearbeite, auf eine bis zu seiner, Klopstocks, Zeit

[98] A. a. O., Vs. 1303 f.

unvorstellbare sprachliche Höhe bringe und damit zwischen dem Mittler Christus und uns vermittele. Die Inschrift nennt den himmlischen Lohn, der dem heiligen Sänger zuteil wird. Klopstock sitzt zu Füßen des Herrn; vielleicht ist ihm drüben gar ein eigener Thron aufgestellt. "UNTEN AM THRONE LIEGT / SEIN GROSSER LOHN IHM EINE GOLDNE / HEILIGE SCHALE VOLL CHRISTENTHRÄNEN." Seine zweite Gattin Johanna Elisabeth hat das Grabmal gestiftet. Am Schluß der Inschrift klingt es so, als bete sie den Dichter des *Messias*, Klopstock, und nicht den Messias selbst, Christus, an. "SEINE ZWEITE LIEBENDE UND GELIEBTE GATTIN / IOHANNA ELISABETH SETZTE DIESEN STEIN / ANBETEND DEN DER FÜR UNS LEBTE, STARB, / BEGRABEN WARD UND AUFERSTAND." Auch die Inschrift für Johanna Elisabeth Klopstock (†1821), die zweite Gattin des heiligen Sängers Klopstock, ist auf dem Friedhof erhalten. Sie war dem Dichter "SEINE GELIEBTE GEFÄHRTIN / UND TRÖSTERIN AUF DEM / LETZTEN LEBENSWEGE." Meta muß mit Johanna Elisabeth, ihrer Nichte, als Nachfolgerin in ihrem selbst schon fast heiligen Amt einverstanden gewesen sein. Sie war "METAS LIEBLING. AN HERZ / UND GEIST IHR ÄHNLICH." Die Inschrift schließt mit einer Vision des von Liebe erfüllten himmlischen Zusammenlebens zu dritt. "DA WO DER TOD NICHT IST / FREUET SIE SICH DES / WIEDERSEHENS DERER, DIE, / SIE NUN HIM̄LISCH LIEBEN."

Dort, in Ottensen, sind Inschriften der klassizistischen Periode um Achtzehnhundert erhalten, welche die sprachliche Höhe des Dichters nicht erreichen, doch das Gleiche sagen wie er und vielleicht gar an ihm orientiert sind. Ein Stein, dies teilt die an ihm angebrachte Grabschrift mit, "dekt die Hülle / von / Franz Wilhelm Schorer / Er begañ Seine irdische laufbahn / 1739 am 9. Jan., und vollendete Sie,, / 1792 am 8. December. / Nach kurzem TodesSchlum̄er / folgt der Entrükkung Wonne, / folgt Wonne der / UnSterblichkeit"; Wilhelmine Sophie Forckes Grabmal trägt die Inschrift: "Schlummre sanft, / du gute fromme Seele, / Bis auf ewig dieser / Schlummer flieht." (†1822)

"Es ist", heißt es 1960 auf dem Friedhof in Rommelshausen bei Waiblingen, "noch eine Ruhe vor-/handen dem Volke Gottes." Es ist gut, wenn man dazugehört. Was mit denen ist, die nicht diesem Volk angehören, wird nicht gesagt. Der Tod ist Vorbote und Voraussetzung der Auferstehung. Und diese ermöglicht das Wiedersehen.

Infernalische Messias–Lektüre

"In Bologna hat man / viel Schlimmes uns gelehrt über den Teufel, / verlogen sei er auch, ja Lügenvater." (Dante)

Auch die in den Musenalmanachen, diesen "Manufackturen des menschlichen Verstandes und Witzes" (Wezel), publizierenden Dilettanten befassen sich mit Klopstock und dem *Messias*. Rezeptionsästhetisch erfreuliche Befunde zur infernalischen *Messias*-Lektüre tätigt ein Verfasser *-g.* und macht sie 1782 in Städlins *Schwäbischer Blumenlese* mit dem Gedicht *Abbadona* publik. Es erhellt den ungeheuren Eindruck, den die besagte literarische Figur Abbadona, ein bereuender und letztendlich begnadigter Unterteufel in Klopstocks *Messias*, sowohl in infernalischen als auch in coelestischen Kreisen macht. Bedenklich stimmt, daß man in der Hölle offensichtlich besser informiert ist als im Himmel. Immerhin verdankt der real existierende Subalternteufel Abbadona seine letzthinnige Begnadigung seinem unkeuschen Halbbruder im Epos. "Sein leztes Reugebet aus Klopstocks Messiade / Schrieb Abbadona ab — für wen? / Er gab's als ein Memorial um Gnade / Durch Abdiel am Throne hin! — / Gott las es — und erhörte ihn."[99] Literatur, dafür ist dies ein eindrucksvoller Beleg, vermag also jedenfalls im subterrestrischen respektive im superlunaren Bereich Entscheidendes zu verändern. Dabei ist der Klopstockische *Messias* von allerhöchster Authentie, d. i. Wahrhaftigkeit. Die Authentizität des Werks erfährt im Gedicht *Satan* des gleichen sehr eingeweihten Autors *-g.* in der erwähnten *Blumenlese* eine ausgesprochen beweiskräftige Bestätigung von kompetentester Stelle: "Ein Todesengel an der Höllenpforte / Verrieth mich! brüllte Satan — dann woher / Erführe meinen Charakter / Der Klopstock sonst und meine eignen Worte?"[100] Es ist zu bedauern, auch angesichts der möglichen Folgen, daß der Brüllende, der doch auch schon ganz anders aufgetreten ist und da viel besser beieinander war, sei es nur im Affekt, sei es immerdar, ein syntaktisch herausragend krummes, metrisch indes recht schräges Deutsch spricht. Wahrscheinlich waren es menschenvernichtende Arbeitsbedingungen, die ihn soweit gebracht haben. Ginge er nur wie sein Mitarbeiter Abbadona in sich, dann möchte man ihm für seinen weiteren Werdegang durchaus noch alles Gute, sein satanisches Seelenheil betreffend, wünschen. Nach Klopstock ist Voltaire ein beliebter Autor im Infernalischen. Der *Almanach der deutschen Musen* von 1770 enthält das Epigramm *Auf den Autor der Pücelle, von Kästner.* Es erhellt Hintergründiges zu den Produktionsbedingungen, welche Voltaires Werke ermöglichten und entstehen ließen; ihm stand ein ganz besonderer Ghostwriter, respektive eine sehr seltsame maskuline Muse zur Verfügung. "Den Legionen in der Hölle / Las Beelzebub Voltär's Pücelle, / Und jeder Teufel war ganz Ohr. / 'Ihr schmeichelt jedem Erdensohne! / (sprach Lucifer vom Flammenthrone) / 'Er schrieb nur; ich sagt' es ihm vor.' "[101]

Kant und die moralischen Forderungen an Gott

Kant zeigt, daß wir Gottes Existenz nicht beweisen können. Wir können nur fordern, daß es Gott geben muß, damit der Tugendhafte glückselig wird. Dafür hat Gott zu sorgen. Gott ist moralisch notwendig. Wir müssen ihn postulieren. Zahlreiche Almanachdichter und viele andere gebildete Zeitgenossen argumentieren wie Kant. Es muß Gott geben, anders darf es nicht sein. Schreiber verfaßt das Gedicht *Unsterblichkeit*: "Ich werde seyn; an welches Band des Lebens / Mich auch das waltende Verhängniß knüpft; / Wohin es ruft, sein Ruf ist nicht vergebens, / Umsonst bin ich

[99] S. 14
[100] S. 163
[101] S. 241

dem Staube nicht entschlüpft."[102] Als ob dies Entschlüpfen schon eine eigenständige Leistung gewesen wäre, und als ob wir in dem Zustande, der dem irdischen folgt, in jedem Falle Herr unserer Entscheidungen blieben. Der Geist ist abhängig vom Ich, ohne Ich ist der Geist nicht. Basis des Verbindenden ist die Person gewesen; nun soll der Geist doch alleine existieren können. Die Hoffnung, so eine Inschrift in Böcklins Grabschriftensammlung von 1808, erhebt uns schon hier auf Erden über die Endlichkeit.[103] Das Gesetz, die Bestimmung, meint Schelling in der *Clara*, die wir in unserem Herzen, unserem Gewissen tragen, kann "nicht von dieser Welt sein." So haben wir ein "Unterpfand einer höheren Welt"; wir erheben uns zu dem "trostreichen Gedanken der Unsterblichkeit."[104] Ohne Aussicht auf Unsterblichkeit ist für Young alles sinnlos.[105] Geist und Güte können nicht untergehen, die Plagen des Lebens dürfen nicht umsonst gewesen sein, die Hoffnung darf nicht trügen: "Hohe Hoffnung, nein! Du bist nicht Wahn!" ist in Conz' beschwörendem Gedicht *Im Garten zu Darmstadt* die klare Antwort auf die Frage, ob Er uns täuschte, als er zum Trost den die Schmerzen lindernden Traum von der Unsterblichkeit schenkte.[106] Ludw. Theob. Kosegarten bekennt sich im Gedicht *Was schwindet und was bleibet* zur Tugend. Sie bürgt ihm für die jenseitige Fortdauer. "Mags seyn, daß Staub zerstiebt! / Eins, weiß ich, kann nicht sterben! / Eins trotzet dem Verderben! / Eins spottet der Verwesung! — / Ein Geist, der Tugend liebt!"[107] In "des Herzens Gefühle" und "des Bewußtseins Sinn", so Reinhards Gedicht *Am Tage meiner Trauung*, lebt die Wahrheit: "Es waltet ein Gott!"[108] Fichte erklärt seiner Braut im Brief vom 6. Dezember 1790: "Wer so viel für die Tugend aufgeopfert hat, daß er Entschädigungen in einem künftigen Leben zu erwarten hat, der beweist sich nicht und glaubt nicht die Existenz eines solchen Lebens; er fühlt sie."[109] Die objektive spezielle Metaphysik, die früher für Unsterblichkeitsbeweise zuständig war, ist nach Kants kritischem Zerstörungswerk verloren gegangen; nun löst sich alles in rein Subjektives auf; alles zerfließt im Fühlen, im, wie Hegel schimpft, fade schmeckenden "Brei des Gefühls".

Das Irdische ist so bedeutend geworden, daß man auf die innigen menschlichen Verhältnisse im Jenseits nicht verzichten mag. Es wäre unvorstellbar. Das Irdische ruht aber noch nicht so gewiß und gültig in sich, daß es für sich genügte und ein Verzicht auf das Jenseits zu verkraften wäre. Gott, von dem man einmal dachte, er existiere um seiner selbst willen, wird nun umfunktioniert; er bedeutet für sich selber nichts mehr und ist nur noch unserer Jenseitswünsche wegen da. Er existiert nicht an und

---

[102]TBV 1807, S. 118 f.

[103]In: *Inschriften für schöne Gartenplätze und Gartenanlagen; wie auch zu Monumenten an Gräbern*, hg. von Geheimen-Rath und Kammerherrn von Böcklin, Mannheim 1808, S. 59

[104]München 1948, S. 25

[105]In: *Dr. Eduard Young's Klagen, oder Nachtgedanken über Leben, Tod, und Unsterblichkeit. In neun Nächten Nebst Desselben sieben Characteristischen Satiren auf die Ruhmbegierde, die allgemeine Leidenschaft*, Braunschweig, Bd II, 1763, S. 183 ff.

[106]GMA 1792, S. 86

[107]GMA 1788, S. 6

[108]TBN 1800, S. 198

[109]In: Johann Gottlieb Fichte, *Briefe an seine Braut und Gattin*, Leipzig, Hartenstein 1921, S. 70 f.

für sich, sondern an und für uns. Würde einmal auf diese Wünsche verzichtet, müßte es, sollte man denken, ganz mit ihm, Gott, aus sein. Gottes Dasein legitimiert sich aus den menschlichen Anliegen des Trostes und der Beruhigung: "Wüßt ich nicht: Gott ist; Gott hat mich erschaffen — / Was hätt' ich wider Furcht und Gram für Waffen?" fragt Cramer im Gedicht *Gottes Daseyn.*[110] Stammford, Beiträger des *Mildheimischen Liederbuches*, findet einleuchtende Gewährsgründe und weniger überzeugende Reime: "Es lebt ein Gott, der Menschen liebt, / ich seh's, wohin ich blicke, / am Nebel, der den Himmel trübt, / so wie am Sonnenblicke."[111] Bitter wäre es, ohne Hoffnung auf Unsterblichkeit leben zu müssen; es wäre, sagt Blum, der Dichter der *Ode auf Abbts Tod*, ein "Hartes Schicksal! Wenn nicht die Schaar der Waisen / Künftig in Elysiums Auen einen / Langen Frühling lebete, gleich den ewgen / Söhnen des Äthers."[112]

Man versucht sich zu beruhigen. Dem Frommen, so ein *J. G. J.* sehr geheimnisvoll *An* ** im dritten Stück des dritten Bandes der *Iris*, kann nichts passieren: "Wer, ohne Furcht, sein ganzes Leben / Dem treuen Schöpfer hingegeben, / Der muß im Grabe sicher seyn!"[113] Es ist der Schöpfer, dem das Leben hingegeben wird; der Lohn ist die Ruhe im sicheren Grab. Ausblicken läßt sich von hier auf eine Gruppe späterer Inschriften in Offenbach und Frankfurt, die, indem sie den Relativsatz voranstellen, wie das *Iris*-Gedicht aufgebaut sind. Sie ersetzen jedoch die Hingabe an den Schöpfer durch treues Wirken und die Sicherheit im Grab durch die Erinnerung der Hinterbliebenen. Auf dem Frankfurter Hauptfriedhof heißt es: "Wer treu gewirkt, / Bis ihm die letzte / Kraft gebricht, / Und liebend stirbt, / Ach, den vergisst man nicht!" (†1907) Inhalte modifizieren sich in der Zeit, Denkstrukturen bleiben.

Hottentottenpoesie

Gleim hat sich eindringlich mit dem Hottentotten beschäftigt. Sein Gedicht *Die Vorsehung* befaßt sich mit der bedrängenden Frage, warum der gute Gott denn nur "das Uebel" zugelassen hat. Zum Schluß flattert ein nicht genau zu identifizierendes Objekt, ein sogenannter "Schatten", vorüber und erteilt verbindliche Auskunft. "Wars *Lessing* oder *Kleist*? // Der Schatten fragte: Lieber! Lieber! / Vom Griechen bis zum Hottentott, / *Mußt alles, alles!* sein, und *Etwas* weit von Gott."[114] In Gleims Empfindungen sah Merck, wie er am 20. September 1771 glaubwürdig Sophie von la Roche versichert, "einige Schwäche."[115] Gleim bringt die Befunde aus dem philosophischen Diskurs seiner Zeit im *Anhang, entstanden bei nächtlichem Lesen alter und neuer Weltweisen* auf die schlüssige Formel: "'Es ist ein Gott, ein Gott!' / Sagt Grie-

[110]FMA S. 16 f.
[111]In: Rudolf Zacharias Becker, *Mildheimisches Liederbuch*, Faksimiledruck nach der Ausgabe von 1815, Stuttgart 1971, S. 90
[112]GMA 1775, S. 15
[113]Hg. von J. G. Jacobi, Bd. I-VI, Düsseldorf 1774-1776, S. 215
[114]VMA 1798, S. 21-23
[115]In: Johann Heinrich Merck, *Briefe*, Frankfurt 1968, S. 55

che, Römer, Hottentott."[116] Gleim ist vom Hottentotten fasziniert — er hat ihm in der deutschen Poesie Bürgerrecht verschafft. In Gleims Gedicht *Blumen auf Wilhelm Geiling's Grab* reimen sich die "Hottentotten" und die Pocken, die "auszurotten" sind.[117] Und Gottseidank reimt sich der Hottentott nicht nur auf Gott, sondern auch noch auf Spott. In einem Beitrag für das *Mildheimische Liederbuch* höhnt Gleim, der Altmeister der Nonsense–Poesie: "Löwe kannst du meiner spotten? Ich verachte deinen Spott! Ha! der Mensch, vom Hottentotten bis zum Griechen, ist ein Gott!"[118] Gleim schreibt auch das Gedicht *Es giebt keine Gottesläugner*; nicht nur die Hottentotten bestätigen, daß Gott ist: "Gott aber ist, er ist! Das Kleinste der Natur / Ruft aus: Er ist, Er ist!"[119] Brockes klärt in der *Vergleichung anderer Creaturen mit dem Mond* auf: "So geb' ich allen Menschen, Christen, und Geistlichen, zu überdenken, / 'Wie es so nöthig, Sinn und Seelen auf unsers Schöpfers Werke lenken.'"[120] D. i. Gleims Griechen entsprechen die Brockesischen Menschen, die Römer den Christen, und die Hottentotten den Geistlichen. Es leuchtet ein. Andernorts, im *Neu=Jahrs=Gedicht, auf das 1740ste Jahr*, teilt B. H. Brockes mit, daß Gott allen Seelen, Christen, Juden, "ja selbst Heiden und Türken" Weisheit gab, um ihn zu erkennen.[121] Dem Freimaurer Brockes eignet erstaunlich früh eine schöne Toleranz, die der Dichter nicht für sich behält, sondern erfreulich beredt kundtut.

Philosophen in der Kritik

"Wie doch ein einziger Reicher so viele Bettler in Nahrung / Setzt! Wenn die Könige baun, haben die Kärrner zu thun." (Goethe und Schiller, Kant und seine Ausleger)

Kant wird um Achtzehnhundert verehrt wie sonst nur Heilige oder Dichter. Lenz schreibt Verse *An Kant*. Der Dichter entdeckt eine typologische Entsprechung zum Alten Testament nicht etwa im Neuen Testament, wie es bislang gelehrt wurde, sondern in der neueren Geschichte der deutschen Philosophie: "Einst erschien in Judäa ein Licht, zu erleuchten die Völker; / Hoher Ahndungen voll hieß man Immanuel ihn. / Sah nicht dein Vater in dir den erleuchteten Lehrer der Weisheit, / Als er prophetischen Geists nannte Immanuel dich?"[122] Ein Kant–Zitat dient im Text der Leichenpredigt für einen am 21. Januar 1805 auf dem Stuttgarter Hoppenlau–Friedhof Beigesetzten dem Lob dieses Verstorbenen. In der *Rede an dem Grabe Herrn D. Gottlob Christian Storr, Churfürstlich Würtembergischen Oberhofpredigers und Konsistorialraths* wird zunächst mitgeteilt, daß Storr im August 1775 zum außerordentlichen Professor der

[116] *J. W. L. Gleim's Sämmtliche Werke*, a. a. O., Bd V, S. 352
[117] GMA 1799, S. 132
[118] A. a. O., S. 113
[119] *J. W. L. Gleim's Sämmtliche Werke*, a. a. O., Bd VII, S. 168
[120] *Herrn B. H. Brockes [...] Irdisches Vergnügen in Gott, bestehend in Physikalisch= und Moralischen Gedichten*, Achter Theil, hg. von B. H. B. jun., Hamburg 1746, S. 274
[121] Ebd., S. 321
[122] GMA 1789, S. 101

Philosophie der Universität Tübingen ernannt wurde. Seine Antrittsvorlesung hielt er über einen "Ausspruch des großen Engländers Bako." Bacon sagte, daß oberflächliches Philosophieren von Gott entferne, gründliches Philosophieren aber zu Gott und der Religion zurückführe. Eine Fußnote merkt an, Storr selbst sei der "edelste Beleg zu dem lezten Theile der Bakonischen Behauptung." Kant selbst habe sich in der Vorrede zur zweiten Auflage der *Religion innerhalb der Gränzen der bloßen Vernunft*, erschienen 1794 in Königsberg, über Storr voller Hochachtung geäußert. Storr habe die erste Auflage der Schrift, so Kant, "mit seinem gewohnten Scharfsinn, zugleich auch mit einem, den größten Dank verdienenden, Fleiß und Billigkeit in Prüfung genommen."

Kants kritische Philosophie beschäftigt auch die Beiträger der Musenalmanache intensiv. Seine 1795 erschienene Schrift *Zum ewigen Frieden* erfährt zwei Jahre darauf eine eindrucksvolle Kritik. "Auf ewig ist der Krieg vermieden, / Befolgt man, was der Weise spricht; / Dann halten alle Menschen Frieden, / Allein die Philosophen nicht."[123] Kants Anhänger freilich sind, so wie seine Ausleger, in argem Verruf. "Ähnlich dem Tintenfisch ist der Käntling. Will man ihn haschen, / Trübt er das Wasser umher, birgt sich in eigenen Schmutz."[124] Seine Gegner wiederum gelten als Köpfe, die "um und um vernagelt" sind.[125] V. Halem hat sich mit *Raum und Zeit* befaßt. "Mag immer Kant mit seinem Spinnefädchen / Ausmessen Raum und Zeit." Das lyrische Ich erlebt die ganze Welt nur im Blick auf sein Mädchen Nadine; mit den philosophischen Begriffen kann es, das Ich, nur etwas anfangen, wenn sie ihm in diesem innigen menschlichen Verhältnis zum Mädchen Nadine deutlich werden. Nadine macht ihm die beiden Formen der Anschauung, Raum und Zeit, anschaulich. "Ich messe nur bis hin zu meinem Mädchen / Der Raum schon ist mir weit." Er hat so recht. "Und Zeit? — Wenn ich Nadine hör und sehe, / Wenn sie mich zärtlich küßt, / Das ist mir Zeit." Herb wird Kant auf seine großen biographischen Defizite aufmerksam gemacht. "Schau, Kant, von deiner Höhe, / Und lerne, was sie ist."[126] Dem kantkritischen Dichter vorzuwerfen, er lasse sein lyrisches Ich in der Haltung des moralischen Kammerdieners, dem alles Erhabene und Bedeutende trivial gerät, an die Denker und deren Philosophie herantreten, wäre ungerecht. Er, respektive es, ist eben verliebt. In sein Mädchen. In Nadine. Gleim wendet sich *An Voss, als er, 'wunderbares sei nichts', gesagt hatte*. Er versucht den Vossischen Satz zu destruieren. Schließlich haben Sokrates und Christus keine Schriften hinterlassen. "Ist das, mein Voss, nicht wunderbar?" Kant wird in die erlesene Gruppe aufgenommen. Er hat "der Vernunft den großen Grenzstein" gesetzt, dann war er "zwei und zwanzig Jahr / In Menschheits-Finsternis das Licht der Weisheit", doch jetzt "schwärmt" er "Wie Jakob Böhm. Ist das nicht wunderbar."[127] Am Ende des 18. Jahrhunderts kritisieren die Aufklärer alles, was nach Obskurantismus

---

[123]Kästner, *Vom ewigen Frieden* [GMA 1797, S. 100]. Vgl. auch Göthe, *Zum ewigen Frieden* [SMA 1797, S. 29]; Göthe, *Zum ewigen Krieg* [SMA 1797, S. 30]

[124]v. Halem, *Der Käntling* [GMA 1799, S. 51]. Vgl. auch Pfeffel, *Unter Kants Bildniß. 1803* [TBV 1805, S. 281]

[125]J. G. Zimmermann, *Der Antikantianer* [GMA 1793, S. 155]

[126]VMA 1792, S. 82

[127]VMA 1798, S. 36 f.

riecht, scharf. Die vermeintlichen Verräter aus ihren eigene Reihen werden gezüchtigt.

Andere Gedichte befassen sich mit Fichte und seiner Philosophie,[128] finden eine sehr simple Lösung im Disput um Prädestination und freien Willen,[129] erwägen, ob sich die Welt verbessern läßt,[130] und berichten von einer Weltverbesserung, die dem Tod gelingt, indem er einen Weltverbesserer aus ebendieser Welt entfernt.[131]

Auflösungserscheinungen

Kant hat die spezielle Metaphysik zertrümmert und aufgezeigt, daß sich über Jenseitiges nichts aussagen läßt. Dadurch sind Freiräume entstanden, die im frühen 19. Jahrhundert neu besetzt werden: Gott wird zur Liebe, zum Geist, zur Unendlichkeit. Die Zerstörung der alten religiösen Vorstellungen bewirkte eine gewaltige Verunsicherung. Einzelne kehren zu der alten Religion zurück und konvertieren. Andere versuchen zu einer neuen Verbindlichkeit der christlichen Religion zu gelangen, indem sie fremde Religionen betrachten und nach dem mit dem Christentum Gemeinsamen suchen. Voraussetzung ist, daß Inhalte, welche von völlig verschiedenen Kulturen geglaubt werden, nicht verkehrt sein können. Dabei sind diese Inhalte gar nicht mehr so wichtig. Auf dem Friedhof in Ottensen bei Hamburg, auf welchem Klopstock mit seinen zwei Frauen bestattet ist, versichert die Inschrift für Wilhelmine Sophie Forcke: "Wort gehalten wird in / jenen Räumen / Jedem schönen Gläubigen / Gefühl." (†1822) Das Gefühl schon verbürgt. Ihm wird Wort gehalten, obwohl es nicht bis zur verbalen Explikation gelangt ist. In jenen Räumen ist alles möglich. Ein Mensch mit einem rechten Herzen kann nie ganz verloren gehen. Man sucht das, was den Göttern der verschiedenen Religionen gemeinsam ist, und dies Gemeinsame ist der Geist und ist die Liebe. In dieser Sicht, mit diesem Wunsch nach Versöhnung geht man an die anderen Religionen heran. Man sieht in den Göttern, welche konkret sind, die vorgegebenen Abstraktionen *Liebe* und *Geist*, und wenn ein Historisieren mit dem Ergebnis, daß die gesamte religionsgeschichtliche Entwicklung aller Völker und Zeiten auf das Christentum hinausläuft, nicht gelingt, dann stellt man alles nebeneinander, synkretistisch, in der unbestimmten Hoffnung, daß es damit letztlich doch auch wieder irgendwie richtig sein werde. "Du, den der Mund des Wilden und des Weisen, / In Brama, Jehova und Gott verehrt", lautet Hermanns Anrede *An Gott.*[132] Man möchte weiterleben und sich wiedersehen. Aber man weiß nicht recht. Und man weiß vor allem nicht *wie*. Bekannt sind die vielen Religionen. Man wägt gegeneinander ab, entscheidet sich nicht und läßt alles offen. Die Aussagen werden unbestimmt und allgemein: "Herrscht über uns ein Vater aller Geister, / Und lenkt die Welt sein ewiges Gericht?" Man weiß es nicht. Aber verkehrt kann nicht sein, auf das eigene Ich zu vertrauen. "Voll Ruhe blikt ihr

[128] Vgl. Baggesen, *Der Ichlehrer* [VMA 1800, S. 26 f.]; Kästner, *Ich=Ich* [GMA 1799, S. 26]

[129] v. Halem, *Prädestination und freier Wille* [VMA 1786, S. 76]

[130] Hg., *Die Welt* [VMA 1796, S. 78]; Gleim, *Die beste Welt* [TBV 1798, S. 28]; Haug, *Die Welten* [TBV 1813, S. 137]

[131] Tiedge, *Korvin* [VMA 1791, S. 66]

[132] StMA 1793, S. 73

dann in's Weltgetümmel, / Und sterbt — ist gleich das Jenseits unbekannt; / Sei's nun Elysium, Walhalla, Himmel, / Und richte Christus oder Rhadamant", lautet die *Philosophie eines Freigeistes.*[133] Voß versucht, das *Glaubensbekenntnis des Sofokles* zu rekonstruieren, und er läßt, damit versteckt das Christentum kritisierend, den *Xenofanes an die Aegypter* sich wenden: "Starb als Mensch Osiris, warum verehrt ihr ihn göttlich? / Lebt er ein Gott, warum, Thoren, beweinet ihr ihn!"[134]

Sokrates und Platon

"... freun uns mit Petrus, / Moses, Konfuz und Homer, dem liebenden, und Zoroaster, / Und, der für Wahrheit starb, mit Sokrates, auch mit dem edeln / Mendelssohn! Der hätte den Göttlichen nimmer gekreuzigt!" (Voß)

Man ist tolerant und, wie Pfeffel im Gedicht *Der Bramine*, gegen den religiösen Fanatismus.[135] Gott wird von allen Religionen gelobt, befindet F. L. Stolberg im *Lobgesang.*[136] Man gestattet seinen Lieblingsgestalten aus der Antike Zutritt zum neuen universalen olympischen Himmel. Die vielen Religionen sind bekannt und werden erwogen auch da, wo nicht gediegen und ernsthaft hin– und herüberlegt wird. Im neugegründeten Staat des *Ardinghello* — dessen Autor, Heinse, man wegen welscher Geilheit aus der Walhalla zu verstoßen sich genötigt sah — auf Paros und Naxos setzen der Priester der Natur, der Priester der Sonne und die Priesterin der Erde "Gesänge auf aus dem Moses, Hiob, den Psalmen, dem Hohenlied, und dem göttlichen Prediger; und aus dem Homer, dem Plato, und den Chören der tragischen Dichter." Nur "alles leere Pöbelblendwerk ward verworfen."[137] Unterschiedlich geht Klopstock im *Messias* mit den Göttern um. Portia richtet ihr Gebet an die Götter verschiedener Religionen.[138] Allerdings schränkt sie dann ein und unterscheidet die *höheren Götter* von denen der polytheistischen Religionen.[139] Schließlich erscheint ihr im Traum Sokrates, um mitzuteilen, daß es das Elysium nicht gibt.[140]

Ob Sokrates in den Himmel kommt, entfacht eine rege Almanach–Diskussion, deren Opfer die orthodoxen Theologen sind. Der Vossische Musenalmanach von 1780 enthält die ihr Opfer verspottende epideiktische *Grabschrift auf einen Orthodoxen* *. Dem Heiden Sokrates und selbst Ketzern wird ein Platz im Himmel gegönnt, dem orthodoxen Papst nicht. "Der Pabst H***s liegt unter diesem Stein / Im Himmel wird er Sokrates, den Heiden! / So wenig, als den Ketzer A***i leiden. / Giebt also

[133] StMA 1793, S. 167 f.
[134] VMA 1796, S. 201
[135] VMA 1792, S. 3-6
[136] VMA 1793, S. 37-40
[137] Berlin o. J., S. 347 f.
[138] VI. Gesang, Vs. 521-525
[139] VII. Gesang, Vs. 345-347
[140] VII. Gesang, Vs. 401-448

Gott ihm keinen Himmel allein, / So wissen wir nicht, wo er wird bleiben."[141] Es erregt die Gemüter und entfesselt eine lebhafte Auseinandersetzung in den Almanachen, wenn bornierte orthodoxe Theologen Sokrates verdammen wollen. Lieber schickt man noch die Pfaffen und deren Vorgesetzte in den Abgrund. Im Himmel, wie auch immer der aussehen mag, und auf Dauer möchte man jedenfalls nicht mit ihnen, den Pfaffen, zusammen sein. Goeckingk präsentiert das Epigramm *Auf Sokratis Verdammung*: "*** bannt Sokraten in die Hölle: / So kann ich dann nur da Sokraten sehn? / Wo nicht — mit *** in Himmel gehn? / Das wäre Straf' auf beide Fälle."[142] *X.* wendet sich an den Himmelspförtner; er richtet eine Warnung *An Sankt Petrus*: "Du hast Homer, Euripides, / Pythagoras und Sokrates, / Du guter Petrus, aufgenommen! / Gieb Acht, du hast gewiß Verdruß, / Wenn einst des Herren **us / Hochwürden in den Himmel kommen!"[143] Auch *Nantchen und Dortchen* machen sich ihre Gedanken über die Zustände im Himmel. Nantchen wundert sich: "Im Himmel keine Ehen? / Wie soll ich das verstehen?" Dortchen findet eine zu einfache Lösung: "Es ist, mit einem Wort, / Kein Frauenzimmer dort." Nantchen kennt den wahren Grund der coelestischen Ehelosigkeit: "In Menge! — Zum Vermählen / Soll's nur an Priestern fehlen."[144] Wird dem Philosophen das Himmelstor weit geöffnet, da er für den Bestand dieser Institution unverzichtbar ist, worunter sehr einleuchtend gerade klerikale Würdenträger eklatant zu leiden haben, so deckt der Dialog *Der Ehmann und Junggeselle* die wahren Gründe dafür auf, daß dem, der die Philosophie vom Himmel auf die Erde gebracht hat, der Tod nicht schrecklich sein konnte. "Nicht Ueberzeugung war's nicht Weisheit und Verstand", es war "die Lust, von seiner Frau mit Ehren los zu seyn."[145] Auf Vorkommnisse und Verhältnisse, die aus dem eigenen beschränkten Erfahrungsbereich vertraut sind, wird alles sonst noch sich Ereignende reduziert. Die Welt wird aus der Sicht des Kammerdieners apperzipiert. Objektives wird so zurecht gemacht, daß es dem ideenlosen Gemüt, das nur glaubt, was es selbst schon erlebt hat und dem nur die eigene schlechte Lebenserfahrung wirklich ist, anschaulich gerät. Das Gedicht *Die trauernde Witwe* eines mit *M. K.* zeichnenden Autors lenkt den Blick auf die zurückbleibende gebeugte Witwe; es ergänzt: "Der Mann ist todt; Xanthippe weint, / Und klagt, und hört nicht auf zu klagen. / Warum? Sie war ihm doch so feind! / 'Ei nun! sie kann ihn nicht mehr plagen!'"[146] Stolbergs Vorrede zu seinen *Platonischen Gesprächen* enerviert Schiller. Er schreibt an Goethe am 29. November 1795, er ärgere sich darüber, daß "auch in einer Vorrede zum Plato" Christus gelobt wird.[147] Sokrates, meint Lichtenberg in einem *Aphorismus*, "wäre gewiß ein guter Christ geworden."[148] Er war einer, und dies war der Ruin seines Staatswesens.

---

[141] S. 73
[142] AdtM 1775, S. 186
[143] VMA 1781, S. 121
[144] Lep., *Nantchen und Dortchen* [TBV 1799, S. 334]
[145] StMA 1784, S. 34
[146] GMA 1793, S. 102
[147] In: *Der Briefwechsel zwischen Schiller und Goethe*, Frankfurt u. a. 1964, S. 114 f.
[148] Georg Christoph Lichtenberg, *Aphorismen*, Frankfurt, 1979, S. 234

Kollegialer Umgang mit Gott

Wo das Interesse an den anderen Religionen und die Anteilnahme an den Vorstellungen fremder Kulturen so groß sind, da muß der christliche Gott Vernachlässigungen und Einbußen hinnehmen und seine alles dominierende Stellung verlieren. Er ist das Opfer der Toleranz. Das Verhältnis zu ihm war einmal von Ehrfurcht, auch von Angst bestimmt, nun wird es in einer zumeist wenig sympathischen Weise zwar nicht herzlich, stattdessen aber plump, jovial und manchmal affektiert intim.

Gott wird in Reinhardts Gedicht *In einer Mondnacht* gefühlt.[149] Das Wehen der Liebe Gottes ist fühlbar wie sein Mond; bei Immermann gerät der Umgang mit Gott dann kollegial. Mit Wehmut läßt sich dies nicht mehr recht abdecken, komisch soll es doch wohl auch nicht sein — Immermann ist schwer auf den rechten Begriff zu bringen. Ihm gelingt eine in der Tat umfassende *Allgemeine Vergebung.* "Du endlich, lieber Gott, gehörst / Zu denen auch, die mich verletzet! / Hast, ohn' einmal zu fragen erst, / Mich auf den Sündenball gesetzet. / Doch, wie Du Dich an mir vermessen, / Es sey vergeben und vergessen!"[150] Gott steht in einer Reihe mit den "Pedanten", dem "Freund'", der "Allerschönst'" — allen wird vergeben und Gott kommt zuletzt dran. Es ist eine wehleidige Wehmut.

Auch scherzhafte literarische Inschriften um Achtzehnhundert entwerfen kollegiale Konstellationen im Umgang mit Gott. Haßler verzeichnet 1819 in seiner Sammlung *Der Wandler unter den Gräbern* die Grabschrift *Auf einen Reichsbürger zu Koburg.* Im Oberfränkischen setzt man voraus, daß man mit Gott schon irgendwie auskommen kann und daß der gar nicht so ist und mit sich reden läßt. "Hier liegt begraben Hanns Haschebrod! / Ich bitte dich, du lieber Gott! / Das ewige Leben wollst geben mir, / Gleichwie ichs wollte geben dir, / Wenn ich wäre der liebe Gott, / Und du wärst Hanns Haschebrod."[151] Neuere ethische Schriften gelangen zum Ergebnis, auf der Welt sei Gerechtigkeit optimal realisiert, wenn jeder so handle, daß seine Entscheidungen vereinbar wären mit seinen Beschlüssen in einem gedachten Urzustand, in welchem ihm unbekannt sei, in welcher Person und mit welchen Lebenschancen ausgestattet er zur Welt komme. Haschebrods Denkmodell wird von der modernen Philosophie eindrucksvoll bestätigt. Der kategorische Imperativ steckt allen im Blut.

Andere nehmen grundsätzlich vor Gott nicht einmal den Hut ab. Garrelmanns *Grabschrift auf einen Grobian* erschien 1786 im Göttinger Musenalmanach: "Hier liegt Hans Casper Grobian, / Ein Klotz, wie's einen geben kann. / Läg' er nicht ohne Hut im Grab, / Er zög' ihn selbst vor Gott nicht ab."[152] In ihrer Pöbelhaftigkeit höchst widerwärtige Grobiane, eben Klötze, trieben, glauben wir dem Dichter, also vor zweihundert Jahren ihr erbärmliches und schändliches Wesen. Mit übel nachredenden

[149] StMA 1785, S. 25
[150] WeMA 1830, S. 81
[151] S. 52
[152] S. 216

Lästerern ist es ein Gleiches. Schlichtweg an Respekt fehlt es einem Schandmaul, welches an den Sterblichen nichts Gutes läßt. Haug schreibt ein Gedicht auf *Die Kirchensängerin Block*. Es fällt ihr, glaubt er, "schwer zu singen: / 'Herr Gott, dich loben wir!' "[153]

Während einzelne monumental fixierte Inschriften sowie Todesanzeigen des frühen 19. Jahrhunderts sorgsam Tugenden, verwandtschaftliche Verhältnisse und die entsprechenden Verhaltensweisen bei einem nahegehenden Trauerfall unterscheiden und in ihrem knappgefaßten Text ein dichtgewobenes Netz vielfältiger aufeinander verweisender Beziehungen entsteht, stellt Haßler in seinem 1819 erschienenen Sammelband unter der Überschrift *Die alte Klage des Herrn, auf einem Leichenstein zu Augsburg* eine trostlos hypertroph zuordnende Inschrift vor.[154] In sechs Spalten werden untereinander zehn Substantiven oder Adjektiven zehn Verben und zwei Pronomen im Akkusativ- oder Dativ-Objekt zugeordnet, nur die Satzteile "Ich bin", "aber man" und "nicht mehr" bleiben in allen zehn zu bildenden Sätzen gleich. Die freilich immerhin eine Augsburger oder Haßlerische Originalität belegende Inschrift lautet: "Ich bin / das Licht; der Weg; schön; reich; allmächtig; ewig; weise; edel; wahrhaftig; barmherzig / aber man / sieht geht liebt bittet fürchtet suchet folget dienet trauet glaubt / mich; mir / nicht mehr." Wehmütig schaut, traut man dem Herausgeber, auch Gott in eine bessere Vergangenheit zurück. Haugs Fassung *Gott an die Menschen* überbietet die Augsburger *Alte Klage des Herrn* sogar noch. Haugs Gott ist nicht edel und nicht wahrhaftig, doch dafür zusätzlich "allgerecht"; er ist "das Leben" und "der Lehrer". Dieser Lehrer, der mit seiner Weisheit allein bleibt, beschließt sein wehleidig vorgebrachtes Selbstlob in elf Sätzen dann kokett mit einer hauchzart, dabei aber voller Schmäh vorgebrachten handfesten Drohung: "Werdet ihr verdammt, verdenkt mir's nicht!"[155] Unmittelbar zuvor, in der elften Klage, vertraute er an, daß er trotz seiner Schönheit nicht geliebt werde. Er wird nicht "begehrt" und man "traut" ihm nicht. Es ist weit gekommen mit ihm, d. i. dem Bild, das sich die Menschen von ihm machen. Haug läßt seinem wohl nicht mit Absicht komisch konzipierten Gott die Allüren einer das Begehrungsvermögen ihrer Anhänger nicht mehr affizierenden Diva eignen.

Kollegen und Räuber

"Ich wundere mich darüber und es kommt mir selber lächerlich vor, daß ich ein solcher Schwätzer geworden bin. Oh, wie ist mir das alles zuwider!" (Dostojewskij)

In eine bedenkliche Nachbarschaft gerät Gott in der Geselligkeitskultur des pfälzischen Räuberwesens. Max v. Boehn berichtet in seinem sehr erbaulichen Band *Biedermeier* von dem an der Mosel wirkenden Straßenräuber Matthias Schwind, "der jeden von ihm Geplünderten schwören ließ: 'Ich schwöre bei Gott und dem Räuber-

[153] VMA 1795, S. 54
[154] S. 99
[155] Haug W 1827 Bd I, S. 169

hauptmann Schwind, diesen niemals zu verraten', dann umarmte er ihn und ließ ihn ziehen."[156] Es war eine schöne Zeit.

Früher galten Kollegen des Hauptmanns Schwind Inschriften. Oder sie hatten da doch starke Auftritte. Ein lateinisches Epitaph von 1577 im Dom zu Osnabrück lautet: "Wie ein Sturmwind Veilchen und schneeweiße Lilien abreißt und in rasendem Wirbel zu Boden wirft, so fiel Abel Warneking in jungen Jahren, verwundet durch das Schwert eines grausamen Straßenräubers." Diese "Schande seiner Heimat" kommt aus Hille und heißt Ringelband.[157] Abel wurde umgebracht, obwohl er den Verbrecher zuvor freundlich und gütig gegrüßt hatte. Johann Andreas Beck war zwanzig Jahre lang Sakristan in der Mainzer Marienkirche. Dann wurde er, sagt seine lateinische Inschrift von 1598, "nach dem hl. Meßopfer von einem Kirchenräuber und Mörder überfallen, als er die Kirchentür schließen wollte, und in der Kirche erdrosselt. Er wurde nahe beim Sebastiansaltar unter den von seinem Blute geröteten Fliesen begraben."[158]

Die lateinische Inschrift in Heidelberg für Sigismund von Schopp (†1605) rühmt zunächst die Gastfreundschaft der ländlichschönen Stadt. Dann aber kommt es anders. Schopp, das Opfer, "erfuhr jene schlesischem und polnischem Adel gewogene Gastfreundschaft Heidelbergs. Nachts auf der Straße wurde er durch den Wurf eines Steines, der von einer dreisten Hand geworfen wurde — keiner Sache versah er sich weniger! — am Kopfe schwer verletzt" und ging daran zugrunde.[159] Der Wink, Schopp habe sich des Attentats nicht versehen, leuchtet allemal ein. Doch so geht es in Heidelberg zu; Gäste werden angelockt, in Sicherheit gewiegt, nächtens meuchlings gesteinigt, und wenn das Opfer bestattet und *verscharret* ist, dann feixen die Schlächter noch und verhöhnen es in der Inschrift.

Manchmal aber wird freilich auch den Räubern übel mitgespielt und hämisch werden sie dann verhöhnt. Haug weiß von einer *Vereitelten Drohung*: "Ein Brieflein ward in's Dorf gebracht: / 'Der Räuber Tucca läßt euch grüßen. / 'Zahlt tausend Gulden diese Nacht, / 'Fürwahr! sonst tret' ich euch mit Füßen!'" Dergestalt frech, auch wenn er, zugegeben, zunächst in schöner Urbanität grüßt, kann es mit Tucca kein gutes Ende nehmen. Haug fährt denn auch fort: "Für ältre Sünden mußt' er büßen: / Er ward gehenkt, der Bösewicht. / Zwar sind wir unter seinen Füßen: / Allein uns treten kann er nicht."[160] Witzigen Wortspielen sind ansonsten waffengewaltige windige Wegelagerer wehrlos ausgeliefert.

---

[156]Berlin o. J., S. 468

[157]In: *Die Inschriften der Stadt Osnabrück*, Wiesbaden 1988 (Die deutschen Inschriften, 26), Nr. 129

[158]In: *Die Inschriften der Stadt Mainz von frühmittelalterlicher Zeit bis 1650*, Stuttgart 1958 (Die deutschen Inschriften, 2), Nr. 1374

[159]In: *Die Inschriften der Stadt und des Landkreises Heidelberg*, Stuttgart 1970 (Die deutschen Inschriften, 12), Nr. 551

[160]W 1840, S. 73

Fröhliche Heilsgeschichte

"Hipponax ruhet hier. Bist du ein Bösewicht; / So nahe dich des Sängers Grabe nicht. / Doch bist du fromm, und kannst du fühlen; / So seze dich getrost, und schlummre hier im Kühlen." (X., Grabschrift des Satyrikers Hipponax. Nach dem Theokrit)

Einleuchtend kann auf dem Stuttgarter Hoppenlau-Friedhof die individuelle Heilsgeschichte mit der Christus-Biographie übereinstimmen: "Hier ruht die liebevollste Gattin / und zärtlichste Mutter, / Rosine Ruthardt geb. Schwab / geboren am Christfest 1790 / gest. am Him̄elfahrtsfest 1827". Jedes Kirchenjahr faßt neu das Leben Christi zusammen. Im Leben der Rosine Ruthardt ist die Nachfolge auf die ganze irdische Laufbahn hin gelungen. Die Datierung nach den Ereignissen des Kirchenjahrs ist eine alte Form, die im 16. Jahrhundert durch das moderne Datieren ersetzt wurde. Auf die alte Form wird auf den klassizistischen Friedhöfen nur dann zurückgegriffen, wenn sich, wie bei Rosine Ruthardt, eindrucksvolle Übereinstimmungen ergeben. In eine Christus-Nachfolge sind die auf dem Hoppenlau-Friedhof bestatteten Freiherren Fr. und Jos. Berlichingen Rossach — "gefallen vor Paris den 2. December 1870" heißt es in ihrer Inschrift — gestellt: über den Namen trägt in einer Nische eine knapp lebensgroße Christusfigur ein Lamm und an der Rückseite des Grabmals befindet sich die Inschrift: "Ich bin der gute Hirt, der gute Hirt / giebt sein Leben hin für seine Schaafe. / Joh. 10.11." Ein Vergleich des Verstorbenen mit zahlreichen biblischen Gestalten und ihren jeweiligen Tugenden findet sich in der *Grabschrifft* für Joh. Jac. Heinold in den Frankfurter *Frag= und Anzeigungsnachrichten* vom 9. Juni 1758.[161] Ein ganz anderes Vorbild hat fünfundzwanzig Jahre später in einem Scherzepigramm Armbrusters *Pastor Dick*: "Dem Erzvater Abraham auch in etwas gleich zu kommen, / Hat Herr Dick, der Pastor, jüngst seine Magd in's Bett genommen."[162] Selbstverständlich fehlt derlei auf den klassizistischen Friedhöfen.

Die Scherzgedichte deuten in anakreontischer Sicht die Heilsgeschichte um. Eines heißt *Unser zweiter Stammvater.* Adam war als Ahnherr ungeeignet. "Ein Trinker sollte Anherr seyn, / Und Adam trank noch keinen Wein; / Drum mußte Gott die Welt ersäufen! / Das kann ein Kind begreifen."[163] Noah ist ein passenderer Stammvater, er bittet in der epideiktischen Grabschrift *Auf Noah's Leichenstein*: "Ich hab' an euch gedacht, ich habe / Den Wein erfunden, Kinder; / So trinkt den Wein an meinem Grabe, / Und denkt an den Erfinder!"[164] Es ist zu beobachten, daß die Erfindung bei gutem Wetter auf ansprechend gastfreundlichen Friedhöfen eifrigvergnügt genossen wird. Des Stammvaters würde, wäre sein Grab nur vorhanden, der eine oder andere müßige Friedhofsbesucher mit der Erfindung in der Hand vielleicht gedenken. Sicher,

---

[161] In: *Leben in Frankfurt am Main: Auszüge der Frag- und Anzeigungsnachrichten (des Intelligenzblattes) von ihrer Entstehung an im Jahre 1722 bis 1821*, ges., geordnet und den Bürgern dieser Stadt gewidmet von Maria Belli, geb. Gontard, Bd I-X, Frankfurt 1850, Bd IV, S. 129 f.

[162] StMA 1782, S. 38

[163] StMA 1782, S. 33

[164] VMA 1776, S. 204

ja auch nur wahrscheinlich, ist es nicht. Der Autor *Ck.* kommentiert im Epigramm *Die allgemeine Sündfluth*: "Die ganze Welt war reif, in Fluthen zu versinken. / Auch Noah war von Sünd' und Schuld nicht rein. / Kaum sicher, leiblich nicht in Wasser zu ertrinken, / Ertränkt er geistig sich in Wein. / Die erste Fluth galt nur die ersten Sünder, / Die zweite Noah — ach! und Noah's Kinder."[165] Eine andere Grabschrift ergänzt ein weiteres Attribut der Geselligkeit und lädt ein, auf dem Grab zu rauchen: "Ich habe mich mit Rauch, wie alle Welt, genähret, / Denn Alles, was man liebt, wird von der Zeit verzehret: / Mein Freund! Gönnst du mir eine sanfte Ruh, / So setz dich auf mein Grab, und Rauch Tabak dazu."[166] Leider kollidiert die Erfüllung der Bitte zumeist mit den unverständigen Friedhofsordnungen. Ludw. Fernow aber berichtet im Gedicht *Auf einen Leichenstein, den man in einem Lustgehölze zum Kaffehtische umgeschaffen hatte* von einer schönen Kultur der Geselligkeit um einen Grabstein. Lebende trinken auf ihm "hier unter den Eichen, / Von Gesängen umtönt, lieber den bräunlichen Trank." Holde Schöne berühren den Stein "oft mit niedlichen Armen / Und manch liebendes Paar", berichtet der Stein, "tauschet jetzt Küsse bei mir."[167]

Feuerwerkkritik

"Ich sah den Brei und nichts darin als Blasen, / die kochend sich erhoben und sich blähten / und dann zusammensanken wie zerquetscht." (Dante)

Ein Ideal des frühen 19. Jahrhunderts ist die Biederkeit. Sie wird in zahlreichen monumental fixierten Inschriften, Todesanzeigen, Predigten, Briefen, Lebenserinnerungen, Romanen, Gedichten gerühmt und gepriesen. Der auf dem Stuttgarter Hoppenlau-Friedhof bestattete Baumeister Gottlieb Christian Eberhard Etzel (†1808), der Erbauer der Cannstatter Wilhelmsbrücke und der Stuttgarter Neuen Weinsteige, welche einen prächtigen Blick über die Stadt gewährt, war, wie seine Inschrift mitteilt, "Künstler, Christ und Menschenfreund" und "bieder." Einen weiteren prominenten "Künstler", der zugleich "Menschenfreund" war, fand ich auf dem Füssener Alten Friedhof an der Sebastiankirche. Dominic Quaglio (†1837), "Königl. Bayer'scher Hofmaler" und Erbauer des Schlosses Hohenschwangau, ist dort bestattet. Die Inschrift weiß: "Als Künstler so im Schaffen wie im Wissen / Hat er genügt den Besten seiner Zeit. / Doch um den Menschenfreund der uns entrissen, / Weint mit der Kunst auch hier die Dankbarkeit." Dem Christen und Künstler Fendi (†1842), dem 1909 die Stadt Wien ein Grabmal auf dem Zentralfriedhof stiftete, setzt der kontemplative Genuß das tätige Leben fort. In der Inschrift heißt es, daß die Engel, die er hier gemalt hat, ihm dort musizieren. Und: "Sein Leben, Gott getreu und innig / Bot selbst ein christlich Kunstwerk dar." Sonst können sich, was das Fortsetzen der irdischen Tätigkeit und die zu erwartenden musizierenden Engel betrifft, auch ärgerliche Mißverständ-

[165]GMA 1797, S. 164
[166]Haßler 1819, S. 63
[167]GMA 1796, S. 202

nisse ergeben; insbesondere für Feuerwerker. Der *Schwäbische Merkur* berichtet am 9. Februar 1787 unter der Überschrift *Grabschriften* von einem solchen Vorkommnis. "Ein Feuerwerker sah neulich zu London auf dem Leichenstein eines TonKünstlers folgende Grabschrift: 'Hier ruhen die Gebeine des berühmten Virtuosen N. Seine Seele befindet sich an einem Ort, wo seine Harmonien noch übertroffen werden.' — Diß gefiel dem alten Feuerwerker so wohl, daß er sich selbst folgende Grabschrift machte: 'Hier ruhen die Gebeine des berühmten Feuerwerkers N. Seine Seele befindet sich jetzt an einem Orte, wo seine FeuerwerksKunst vielleicht noch übertroffen wird.'" Voller Selbstvertrauen war er; möge er sich geirrt haben und nicht enttäuscht worden sein. Haug, immer dabei, wenn es gilt, menschenunwürdige Zustände und Laster aufzuspüren und sie in Spottgedichten zu brandmarken, schreibt das Epigramm *Geiz nach dem Tode.* Es berichtet von einem, dem das infernalische Heiz- und Illuminationswesen aufgrund seiner charakterlichen Disposition hybrid erscheinen muß: "Als nach des Wucherlebens Endung / Um Harpagon die Höllenflamme schlug, / Rief er: O teuflische Verschwendung! / Ein Drittheil heizte schon genug!"[168] Es leuchtet ein, daß harpagonischen Creaturen Jenseitiges in jedem Falle unerquicklich geraten muß. Harpagon war auf Erden so sparsam, daß, als dann doch einmal einmal sein Kamin rauchte, die verstörten Nachbarn "Feuer!" riefen.[169] Diese Lebensführung ist ihm habituell geworden, er hat sie dermaßen verinnerlicht, daß er sich, vor ganz neue Aufgaben gestellt und in neuen Bereichen, nicht umstellen kann. Dies wird ihm zum Verhängnis. Zu Beginn seiner jenseitigen Laufbahn regt er sich weiter nicht auf und will klug von den günstigen Rahmenbedingungen infernalischer Lebenshaltung profitieren. "Wohin ist Harpax wohl geschieden? / Gen Himmel? Nein! den ließ er Rechterhand; / Er sparte ja hienieden, / Und Lucifer giebt freyen Brand."[170] Während Geizige dergestalt in der Hölle gut aufgehoben sind, weiß Luzifer berechnend dafür zu sorgen, daß schlechte Autoren sein Reich nicht betreten, denn deren "Wasserschriften" löschten gewiß das "ganze Höllenfeuer aus."[171]

Geiz und Sepulchralkultur

Geiz ist den Lästerern zeitlos ein dankbarer Vorwurf. Einzelnen Geizkragen sind selbst die Verrichtungen der sepulchralen Kultur zu kostenintensiv. Haug war der Tradition des Spottens auch hier verbunden; seine *Epigrammatische Anthologie* enthält die von Opitz verfaßte *Grabschrift des Sylvius*: "Hier ruht Sylvius, der nichts umsonst gethan: / Es schmerzt ihn, dass man dies umsonst hier lesen kann" und dessen Epigramm *Der geitzige Almon*: "Es wollte gestern sich der Geitzhals Almon henken; / Sechs Heller machten ihm Bedenken: / So theuer kam der Strang. Der Preis ist unerhört! / Schrie Almon, nein, der Tod ist nicht des Geldes werth."[172] Die *Grabschrift*

[168] W 1807 Bd I, S. 69
[169] Haug, *Erlaubter Schluß* [TBV 1799, S. 328]
[170] v. Lgck., *Harpax* [GMA 1784, S. 157]
[171] Langbein, *Der Flucher* [TBV 1805, S. 208]
[172] Bd I, S. 29; S. 48

des Sylvius stellt Haßler 1819 in seiner Sammlung als Inschrift *Auf einen Eigennützigen* vor.[173] Ein geiziger Ritter, so die *Grabschrift auf den Ritter M.*, hat vermutlich im Grab keine Ruhe, weil seine Beerdigung nicht gratis vonstatten ging;[174] Liebe von Kreutzner veröffentlicht 1794 im Wiener Musenalmanach drastische Auszüge *Aus dem Testament eines Geizigen*: "Wozu ein Leichenzug? den Aufwand zu ersparen, / Soll mein getreues Weib mich in den Mist verscharen";[175] Haßler kennt die Inschrift *Auf einen Geizigen*: "Der größte Geizhals seiner Zeit, / Merill, gieng in die Ewigkeit. / Doch, kostet's Geld am Himmelsthor, — / Zieht er gewiß die Erde vor."[176] 1816 berichtet Haßler von *Harpagons Geist am Paradesarg*, der, weiterhin forciert sparsam, sich empört über die Kerzen am Sarg: "Kerzen um die Bahre? — / Grausames Gericht! / Volle sechzig Jahre / Lebt' ich ohne Licht"; drei Jahre später überliefert er *Harpagons letztes Wort, von Haug*: "Das letzte Wort, ihr lieben Herrn! / Die Seelenmeßen sind so theuer, / Und säß ich tief im Fegefeuer. — / Nur keine mir! — Ich warte gern."[177]

Harpax

"Die Predigt ging durch Mark und Bein! / Mildthätig sein! mildthätig sein! / Wie gründlich ausgeführt, wie schön! / Bald möcht ich betteln gehn!" (K. W. M., Der gerührte Harpax)

Harpax ist ein herausragender Geizkragen. Er serviert dünnen Wein. "Dein Fäßchen kann — so trefflich ist dein Wein — / Zugleich ein Fischbehälter sein."[178] Der biologische Alterungsprozeß des Geizkragens gemahnt eindringlich und mit Nachdruck an seine geschäftlichen Praktiken. "O Harpax, selbst dein Haar trägt deines Geizes Spur; / Denn vormals war es Gold; nun ist es Silber nur."[179] Ein Pilgerer entlarvt ihn. "Vor einem Kirchenthor sprach ein armer Pilgersmann / Mit einem silbergrauen Scheitel / Den Harpax um ein Zehrgeld an. / Mein Herz, versezt der Filz, ist größer, als mein Beutel; / Und gab ihm einen Deut. — Mag sein! erwiedert er; / Nur ist der Beutel voll und euer Herz ist leer."[180] Die Sektion erweist, daß Harpax da, "wo das Herz sonst sizt", stattdessen "das Einmaleins" enthält.[181] Harpax ist zum Begriff geworden. Guilelmo, dem ein sättigendes biederes Mahl schon als königliche Speise gilt, verwahrt sich gleichwohl dagegen, ein "zweiter Harpax" zu sein.[182] Geld ist sein "bessres Ich."[183]

[173] S. 21
[174] VMA 1781, S. 103
[175] S. 134
[176] 1819, S. 30
[177] S. 9; S. 30 f.
[178] Haug, *An Harpax. Nach Cordus* [VMA 1796, S. 44]
[179] I., *An den alten Harpax* [VMA 1791, S. 179]
[180] Pfeffel, *Das große Herz* [VMA 1792, S. 110]
[181] GAB., *Ein casus anatomicus* [GMA 1781, S. 4]
[182] Haug, *Guilelmo* [VMA 1795, S. 188]
[183] Haug, *An Harpax* [VMA 1797, S. 89]

Redensarten und Sprichwörter

Gerne greifen die epideiktischen Epigramme der Almanache Redensarten auf oder suchen Fälle, in denen sich einem Sprichwort eine zusätzliche besondere Bedeutung beilegen läßt. Der Gourmet Kleanth in Ch. L. Noaks *Grabschrift* war "ein Mann von Geschmack."[184] Bernritter läßt im *Nachruf einer Ehefrau, an ihren wegen Strassenraub geradebrechten Ehmann* die treue Frau über dessen schmählichen Tod hinaus zum Gatten sich bekennen: "Er starb als Patriot — Denn hat er nicht sein Leben / Für das Gesez dahin gegeben?"[185] Auf dem Herzen einer Verstorbenen liegt, so Haug in der *Grabschrift*, ein Stein, auf dem des Witwers keiner mehr.[186] Der Verführer *Markulf* ist an der Schwindsucht erkrankt und liegt im Sterben; wer "auf das Fleisch gesät, der erndtet das Verderben", lautet der gehässige Kommentar.[187] Epideiktische Inschriften werden nicht geschrieben, weil wirklich jemand gestorben wäre. Für die Gestaltung witziger Einfälle ist die spottende Grabschrift neben anderen Kleinformen geeignet.

Dialoge

"A. Unlängst hab' ich sogar gehört, / Du seyst gestorben, Philibert! / Ph. Gottlob! Ich hab' es auch gehört." (Hg., Aus einem Gespräche)

Der komische Dialog zwischen Unbedarften ist in den Almanachen beliebt. Weisser überliefert den Wortwechsel zwischen *Hans und Peter, beym Tod des Finanzministers*: "H. Man sagt, gestorben sey der Präsident von Bös, / P. Man sagt es nicht — Man jauchzet es."[188] Auch sonst kommt inniges Vergnügen und verhaltener Jubel beim Ableben berüchtigter Übeltäter auf. Haugs Grabschrift *Auf Manchen* vermeldet in hoher Häme: "Hier modert unser Herr Baron; / Er starb im Jünglingsalter schon! / So hat es Gott gefallen / Gott und — uns allen."[189] Oder der Tod der Unbeliebten und Verachteten wird sehnlichst herbeigewünscht: "Leicht ist die Krankheit zu verdrängen, / Wie? gibt der Himmel zu verstehn! / Ihr hört's ja doch! Er kann nicht gehn, / Nicht lehnen, liegen, sizen, stehn, / Das heißt: er sollte längst schon — hängen!"[190]

Der Autor *Xy.* kennt *Bauerngespräche, Ueber den Tod einer Maitresse*: "Peter. / Was neues, Hans! Nerine, / Des Junkers Concubine / Soll heut gestorben seyn. / Hans. / Je nun! so schläft Nerine / Doch auch einmal allein."[191] Die Landwirte Peter und Hans wissen überall Bescheid. Sie verblüffen durch gediegene Kenntnisse in Bereichen, in welchen kein verständiges Subjekt ihnen ein solides und profundes

[184] GMA 1788, S. 185
[185] StMA 1785, S. 138
[186] W 1807 Bd I, S. 117
[187] StMA 1782, S. 180
[188] StMA 1785, S. 78
[189] StMA 1786, S. 55
[190] *, *Auf einen gefährlich kranken vornehmen Bösewicht* [StMA 1785, S. 102]
[191] GMA 1784, S. 142

Wissen zugetraut hätte. Die Pointe, auf die hin hier ein Dialog über einen zu erwartenden Sterbefall konstruiert worden ist, hätte den Verfasser auch zu einer *Grabschrift* inspirieren können.

Predigten

Predigten können komisch sein und Anlaß für weitergehende Reflexionen bieten. Goekingk hat komische Predigtpassagen ersonnen. Die *Todesbetrachtungen des Predigers zu *** lauten: "O! daß ich tausend Zungen hätte, / Euch zuzuschrein: Wie kurz ist unsers Lebens Lauf! / Und ach! Wie mancher ging gesund zu Bette, / Und stand tot wieder auf!"[192] Zum Titel *Schluß einer Predigt* fügt er in Klammern hinzu, es handele sich dabei um *Keine Erdichtung*: "Erhebt, Geliebte, noch zuletzt / Dankbar mit mir zu Gott die Hände, / Daß er den Tod an's Ende / Des Menschen=Lebens hat gesezt!"[193] Kakotes bekommt in Haugs *Kurzer Leichenrede* die "letzte — und die erste Ehre" erwiesen.[194] Hensler berichtet im Gedicht *Bei einer Leichenpredigt*, daß ein Advokat seine Seele "in Gottes Hand gegeben" hat und überlegt, ob "Gott sie auch genommen hat."[195] Kästner schreibt eine *Leichen=Carmen*: "Den Mann, auf den ihr mir ein Trauerlied befohlt, / Hatt uns der liebe Gott genommen; / An Thrason wird die Reihe kommen, / Wenn einst der Teufel hohlt."[196] Während die Almanache amüsante Predigtpassagen überliefern, versichern ihre Beiträger, wie langweilig die authentischen Predigten sind.[197] Die Prediger und Pastoren werden kritisiert und verächtlich gemacht. Valut hat "Sein Häuflein Gläubiger / Zu seinen Gläubigern" gemacht.[198] Schlimmes läßt Haugs Epigramm *Pastor John* befürchten. "Zwar die Gemeine klagt: / John thut nicht, was er sagt. / Doch Eines dünkt mir gut: / John sagt nicht, was er thut."[199] Rabiates fordert L. E. v. Schenk im Gedicht *Auf einen gewissen Prediger*: "Nur brüllen kan er brav, mit wütiger Gebärde, / Fix Kinder zeugen und dann ruhn / Was nuzt er wol der Christenheerde? — / Man solt ihn bei die Kühe thun."[200] Erfreuliches aber begegnet auch. Eine Frau bietet ihrem Beichtiger zwei Köpfe Kohl an, weil sie kein Geld hat. Der Pastor bekundet eine schöne Humanität, er will von Kohl nichts wissen und verzichtet edelmütig auf das Beichtgeld. Die mißtrauische Frau aber besteht auf einer reellen Bezahlung: "Nein, nein! Umsonst ist bittrer Tod! / Sonst wäre ja, beim ewgen Leben! / Die Sünde mir nicht recht vergeben!"[201]

---

[192] VMA 1787, S. 141

[193] VMA 1787, S. 152. Vgl. auch den völlig gehaltlosen *Leichensermon auf den Herrn von Kilian, von Michaelis* [AdtM 1773, S. 141]

[194] GMA 1800, S. 103

[195] GMA 1773, S. 11

[196] GMA 1776, S. 82

[197] Vgl. einen Dialog [AdtM 1776, S. 237]; Weisser, *An einen Zeloten, unter der Predigt* [StMA 1785, S. 37]; Weisser, *Der bestochene Prediger* [StMA 1786, S. 153]

[198] –g., *Wortspiel bei Valuts Gante* [VMA 1795, S. 102]

[199] VMA 1800, S. 40

[200] GMA 1782, S. 22

[201] X., *Gespräch im Beichtstuhl* [VMA 1786, S. 43]

Letzte Worte und Krankheitsberichte

"Ich sterb', und will mich nun in jene Tiefen wagen / Wo meine Philosophen ruhn, / Ich werde sie nach schweren Rätzeln fragen, / Und dort in ewig längern Tagen / Die hier gesparte Zeit verthun." (Glaubensbekenntniß des sterbenden Herrn von Creuz)

Todesanzeigen und monumental fixierte Inschriften des frühen 19. Jahrhunderts verzeichnen die letzten Worte der Verewigten. Auf dem Fellbacher Friedhof endet die Inschrift für die 1846 verstorbene Gründerin der Kleinkinderschule: "Erbarmung war dein letztes Wort, / Der wirst du dich erfreuen dort." Die Zurückbleibenden behalten sich, was der Verstorbene zuletzt sprach oder schrieb oder womit er sich beschäftigte. Die letzten Worte, die Schiller schrieb, sind der Monolog der Marja im *Demetrius.*[202] Pfarrer Hölderlin ging, teilt seine Todesanzeige im *Schwäbischen Merkur* am 4. September 1811 mit, "scheinbar gesund zur Kirche, und wollte über den Text predigen: 'Wir wissen, so unser irdisch Haus dieser Hütte zerbrochen wird etc.'" Als er mit dem Text beginnen wollte, "wurde er vom Schlag gerührt." Wilh. Marz vollendete "in einem Alter von 11 Jahren und 2 Monaten ihre irdische Laufbahn." Ihr Vater gedenkt in der Todesanzeige der Trostworte, die das Kind kurz vor seinem Hinscheiden für ihn hatte.[203] Carl Fr. Wilh. Trautwein starb "im Neckar bei Berg" beim Baden. Sein Vater erinnert in der Todesanzeige an den letzten Brief des Verstorbenen, in dem dieser seinen Überdruß an jeder "ErdenFreude" zum Ausdruck bringt und der wie ein Abschiedsbrief klingt. Trautwein sehnte sich danach, "nur Gott zu leben." Er schrieb: "Weil ich fürchte, etwas zu äussern, das nicht ist, spreche ich ungern von dem Zustand meiner Seele."[204] Gotth. Ph. Fr. Leube hielt in der vorletzten Nacht vor seinem Ende phantasierend "mit lauter Stimme eine überaus erbauliche Predigt, und am Tage darauf des Morgens KinderLehre, sprach noch das Vater unser und den Segen: und nun schlossen sich seine Augen und sein Mund auf immer."[205] Ähnlich erging es Stadtpfarrer Gradmann in Ravensburg; er bearbeitete und diktierte auf dem Sterbebett seine letzte Predigt.[206]

Die in den Almanachen überlieferten *letzten Worte* enthüllen. Sie bilden in den Musenalmanachen neben den *epideiktischen Grabschriften*, den *Variationen über Redewendungen und Sprichwörter*, den *Dialogen* und den *Predigtparodien* eine weitere Gruppe unter den komischen Kleinformen, die sich der Sepulchralkultur im weiten Sinne und den letzten Dingen widmen, sowie dem, was sich vor einem jeweiligen letalen Finale ereignet haben mag. So manches wird kurz vor der Vertauschung der terrestrischen mit der infernalischen, purgatorischen oder coelestischen Laufbahn eingestanden. Dem Geizkragen sind die eigenen Seelenmessen zu teuer und er wartet lieber im Fege-

---

[202] Karoline von Wolzogen, *Schillers Leben*, Stuttgart, Berlin o. J., S. 266

[203] *Schwäbische Chronik*, 31.7.1811

[204] *Schwäbische Chronik*, 3.6.1811

[205] *Schwäbische Chronik*, 4.6.1812

[206] *Schwäbische Chronik*, 10.2.1817

feuer; der Müller hat viel Mehl gestohlen; der Zweifler bleibt weiterhin skeptisch; der Krieger verfügte in Wahrheit ehedem über recht fragwürdige Tugenden.[207] Ein "armer kranker Advocat" gedenkt "wie ein Christ sein Haus izt zu bestellen"; er vermacht alles, was er "hier besessen" dem "Tollhaus durch dies Testament." Auf die Frage des Priesters, "warum er Kirch' und Schul' vergessen?", spricht der Advokat "mit gebrochnem Blick: / 'Ich zahle meine Schuld, und keine milde Gabe. / 'Den Elenden geb' ich mit Recht mein Geld zurück, / 'Von denen ich's empfangen habe'."[208] Faul bekennt in seinen "lezten Zügen" liegend, daß er "mit Vergnügen" stirbt, weil er "hinaus *getragen*" wird und "draussen *liegen*" darf.[209] Eine den Freund entlarvende Aufklärung in allerletzter Minute gelingt in einem Scherzgedicht *v. Einems Olint*: "Olint lag sterbenskrank, und Lycidas, sein Freund, / Besucht' ihn. Da du stets es treu mit mir gemeint, / So wirst du, sprach Olint, auch noch die Bitt erfüllen, / Die meine letzte ist: Laß deine Kinder dir, / Laß dir sie, Freund, um meinetwillen / Empfohlen seyn! sie sind von mir."[210] Den Worten Sterbender ist Authentie in besonders hohem Grade zu eigen; letztlich können sie, frech noch in der Agonie, unbesorgt um die von ihnen initiierten Konflikte unter den Überlebenden, sich jede Unverschämtheit, ja Lumperei erlauben und den sogenannten Freunden die Freude am Umgang mit den wichtigsten Bezugspersonen verderben. Wird auf dem Sterbebett das Geständnis verpaßt, kann nur noch die zufällige Begegnung in der Hölle eine Aussprache ermöglichen. Herr und Knecht stoßen in Pfeffels Gedicht *Die zwei Verdammten* im "Reiche Satans" aufeinander, wo der Kutscher seinem ehemaligen Patron von seiner maßgeblichen Mitwirkung an der Erzeugung des herrschaftlichen Sohnes Mitteilung macht.[211] Der arme vielgeplagte Herr kommt selbst in der Hölle nicht zur Ruhe, auch in ihr findet er keinen Frieden, noch dieser Aufenthalt wird ihm zum freudlosen Ort, der eindringlich und mit Nachdruck an irdische Defizite gemahnt. Dabei könnte doch alles so schön sein. Und ganz anders. Doch es bleibt gar nichts. Nicht einmal die Erinnerung.

Krankheitsberichte gewähren Einblicke in die Abgründe des menschlichen Gemüts und in die Zerrüttungen zwischenmenschlicher Verhältnisse. Haug klagt über *Amalia*: "Noch lauret Krankheit über Ihr; / Doch sind die Herzen schon verwundet. / Je mehr Amalia gesundet, / Je mehr erkranken wir."[212] Frauen verstehen es, den Männern noch in deren Agonie hart zuzusetzen: "Hier lieg' ich schwach und siech; / Und, ach! die alte Sophilette / Weicht keinen Schritt von meinem Bette! / O! daß der Himmel mich / Von beyden Uebeln bald errette."[213]

---

[207] Vgl. *Harpagons letztes Wort, von Haug* [Haßler 1819, S. 30 f.]; Wenzel Scheffler, *Letztes Müllerwort* [EA Bd I, S. 228]; Haug, *Dubius letzte Worte* [W 1840, S. 50]; Ws., *Beruhigung auf dem Sterbebette* [GMA 1779, S. 44]

[208] H., *Der Advocat auf dem Todbette* [GMA 1770, S. 147 f.]

[209] Haug, *Fauls Ende* [StMA 1793, S. 5]

[210] GMA 1796, S. 44

[211] SMA 1796, S. 105

[212] VMA 1796, S. 5

[213] *Seufzer in einer Krankheit* [GMA 1770, S. 44]; vgl. auch X., *Das Krankenbette* [VMA 1786, S.66]

Um 9 1/2 Uhr nach 9 1/2 Jahren

Bisher begegneten wir ernsthaften Todesanzeigen. Einige Todesanzeigen des frühen 19. Jahrhunderts zählen von ihrer Intention her durchaus zu diesen; sie geraten aber unbeabsichtigt komisch, indem sie Details erwähnen, die für die Verfasser der Anzeige gewiß von Bedeutung waren, ansonsten aber völlig belanglos sind und den Leser irritieren. Als die kaum dreijährige Emma Amalie gestorben ist, klagt ihre Mutter, daß der Gatte "gerade wieder, wie schon früher zweimal, abwesend ist."[214] Andere Anzeigen, wie die für Christine Dor. Meyderlen, veröffentlicht am 11. November 1804 in der *Schwäbischen Chronik*, vermögen heute das Herz zu erfreuen, indem sie Exaktheit anstreben dort, wo es gar nicht so genau darauf ankäme, bei allem Bemühen um Genauigkeit dann aber doch auf halbem Wege stehen bleiben. Ausgiebig werden Brüche verwendet. Frau Meyderlen starb an "einem Brand= und Nervenfieber den 7 diß Nachts um 10 3/4 Uhr nach einer 9 1/2 Jahre genossenen friedlichen Ehe in einem Alter von 34 1/2 Jahren" und ließ den Gatten mit "3 noch unerzogenen Kindern" zurück.

Es gibt, in dieser Zeit, auch scherzhafte Todesanzeigen. In der *Schwäbischen Chronik* erscheint am 13. Oktober 1820 die Todesanzeige für "UniversitätsPedell *Payer* von Tübingen." Er starb "9 1/2 Uhr" im "35 LebensAlter, begriffen auf einer Reise, um seine von schweren DienstAnstrengungen bedeutend geschwächte Gesundheit wieder zu rekolligiren, an den Folgen einer Erkältung, die den sanft Entschlafenen nach zweitägigem KrankenLager unverhofft schnell dahinraffte." In schöner Urbanität widerruft der Betroffene dann aber vier Tage später im selben Blatt die eigene Todesanzeige. Er tröste sich mit dem Sprichwort, daß wer "zu seinen Lebzeiten als todt gesagt werde, desto länger lebe." Auch die "sogenannte Wittwe" wisse "sich zu fassen." Die "acht Waisen aber freuen sich recht sehr, daß ich noch lebe, obgleich alle ihr Brod schon längstens selbst verdienen können." Jetzt warte er "mit Sehnsucht auf das Ende der Vakanz", um seine "gewohnte, zu Zeiten zwar auch beschwerliche", jedoch ihm öfters zur angenehmsten Unterhaltung dienenden Geschäfte wieder fortsetzen zu können. In Tübingen stehen, es läßt sich nicht leugnen, die Hausmeister auf anderem humoristischen Niveau als die sogenannten Studierenden.

Der Todesanzeige für Wilhelmine Seeger in der *Schwäbischen Chronik* vom 29. Mai 1815 schließt sich eine "Nachschrift" an. Diese teilt mit, daß nun auch die zweite Tochter, Caroline, "an der nemlichen Krankheit" gestorben ist. Merkwürdig unterscheidet sich das Ende der Nachschrift vom ursprünglichen Schluß. Die Anzeige für Wilhelmine endet mit der Bemerkung, daß "keine BeileidsBezeugungen, nur höhere Blicke in eine übersinnliche Welt" Beruhigung geben können. Am Ende der Nachschrift für Caroline aber erklären die Eltern: "Nur etwa der Anblick einer theilnehmenden, mitleidigen Thräne, nicht der todte Buchstabe eines Briefs, kann einige Linderung für unsere tief verwundete Herzen seyn."

Die Todesanzeige für Louisa Amalie Stephanie Strehle in der *Schwäbischen Chro-*

---

[214] *Schwäbische Chronik*, 22.6.1809

nik vom 9. September 1816 handelt weniger von dem verstorbenen Mädchen, als von den Schicksalsschlägen, die der Vater zeitlebens erlitten hat: "Schon im fünften LebensJahre verlor ich meine gute Mutter, im vierzehnten den besten Vater; meine vier Geschwister raffte früh der Tod hinweg." Nach dem Sohn starb nun die Tochter, "die liebliche im Aufkeimen vom SturmWind zerknickte Pflanze." Nur die "Hoffnung des Wiedersehens" vermag ihn zu trösten. Einzig übrig geblieben ist das Söhnchen Karl, "für dessen Erhaltung wir bang zum Himmel flehen." Gleichfalls aus der Sicht der Eltern berichtet die Todesanzeige für Barbara Roth: "Noch sind die Thränen nicht getroknet, die wir an dem frühen Grabe zweier hoffnungsvoller Söhne vergossen." Friz starb, dann Karl. "Und nun trifft uns aufs neue ein so herber Schlag." Die beinahe siebzehnjährige Barbara ist gestorben. "Und so betrauren wir in 1 ViertelJahre den harten Verlust von 3 Kindern."[215] Und HofRath Liebenau muß mitteilen: "Von 26 Geschwistern aus Einer Ehe bin ich noch allein übrig, das, heute früh durch einen Stickfluß erfolgte, Absterben meiner Schwester *Sophie* unsern Freunden anzuzeigen."[216]

Name und Beruf

Spielereien mit dem Namen des Verstorbenen oder mit seinem Beruf finden sich nicht in den ernsthaften Inschriften der klassizistischen Grabmäler, wohl aber in Inschriftensammlungen der Zeit.

Der *Wandler unter den Gräbern* von 1819 enthält die Inschrift *Auf den frommen und gelehrten Jesuiten, P. Neumayr, Kontroversprediger in Augsburg.*[217] Der Verfasser hat sich recht schwergetan, er ließ sich aber naturgemäß doch nicht abhalten. "Ein neuer Mai tritt ein; ein alter Neumayr ab, / Zur neuen Blumen=Zeit welkt er, und fällt ins Grab." Die Inschrift *Auf den Postmeister Schulz, in der Kirche zu Salzwedel* im selben Band ist gleichfalls recht scheußlich. Sie stellt eine Beziehung zwischen dem Beruf des Verstorbenen und seinem diesseitigen und jenseitigen Werdegang her. "Eile nicht, Wandersmann, wie auf der Post. / Auch die geschwindeste Post erfordert im Posthaus Verzug", "Durch die heil. Taufe ward er in die Postcharte zum himmlischen Kanaan eingeschrieben." Später "bereißte er sorgfältig sein christl. Postamt. Bei vorgekommenen Unglücksposten richtete er sich nach dem göttlichen Trostbrief." Bei Erhalt der "Todespost" machte er sich "reisefertig".[218] Die Welt ist kein Traum und kein Spiel, sondern Post.

Die epideiktischen Inschriften befassen sich mit Berufen, deren Aufgabenbereiche anschaulich sind. Den Berufsinhabern werden individuelle Mythen geschaffen; aus ihrer persönlichen Sicht und mit ihrer Arbeit vermittelt erleben sie die ganze Welt. Ein Rechenmeister liegt "des Rechnens satt" im Grabe, er ging "in die Brüche" und wird, wenn er sich "nicht verrechnet" hat, auferstehen; ein Straßenaufseher hat zeitlebens

[215] *Schwäbische Chronik*, 28.4.1819
[216] *Schwäbische Chronik*, 15.11.1810
[217] S. 331 f.
[218] S. 245

dafür gesorgt, "daß seine Wege rein erfunden würden" und die Lebensuhr eines Uhrmachers stand still, wenn sie aber Gott "hinauf und auf" zieht, dann "endet nimmermehr ihr Lauf."[219]

Pfarrer Jungs Leichengesänge

Michael Jung (1781-1858) wirkte seit 1811 als Pfarrer in Kirchdorf im Illertal. 1814 wurde er vom württembergischen König hoch geehrt; er erhielt für seinen verständigen Einsatz gegen eine Typhusepidemie den Civil=Verdienstorden. Doch ist dies nicht die bedeutendste Tat Jungs. Berühmt wurde er durch seine Moritaten. Jung verzichtete bei Beerdigungen auf die üblichen Predigten und sang stattdessen, sich mit der Laute begleitend, selbstverfaßte Grablieder. Diese zeichnen minutiös den Unglückshergang nach und erteilen verständige Ratschläge, wie sich derlei Katastrophen künftig vermeiden lassen.

Ein Gesang widmet sich einem Opfer, das bei sechsundzwanzig Minusgraden stark betrunken den Wirt wechselt. Das Weib will es abholen, aber es flucht derb und droht ihr. "Dann stand er auf, und packte sie, / Um sie hinauszuschmeißen, / Sie aber gab sich alle Müh, / Ihm wieder auszureißen, / Und hielt es heimzugehn für gut, / Um seiner oft erprobten Wuth / Im Rausche auszuweichen. // Er aber blieb, und soff dabei, / Daß seine Augen glühten. / Es kam jedoch die Polizei, / Den Gästen abzubieten; / Er taumelte betrunken fort, / Entschlossen, sich am Weibe dort / Für diese Schmach zu rächen." Dann steht er auf, stürzt aber bald "wackelnd nieder", in kurzer Zeit erfrieren seine Glieder, und "leider steht er nicht mehr auf / Bis an dem jüngsten Tage." Es folgen Betrachtungen über die Trunkenheit, der die Strafe auf dem Fuß folgen muß, und eine Warnung vor dem Branntwein. Mit weiteren Ratschlägen zu einer vernünftigen Lebensgestaltung klingt der Gesang aus. "Laßt uns daher das Giftgesäuf / Gebrannten Geists verachten, / Sonst macht es uns zum Tode reif, / Wo wirs am mindsten dachten, / Und künftig für den Durst allein / Nur weiß= und braunes Bier und Wein / Mit Wasser mäßig trinken!"[220]

Ein Jüngling hat sich zu Tode getanzt. Ganze vierzehn Stunden tanzte er wie eine Schwalbe im Sturmwind, doch der Mensch ist keine Schwalbe und "nicht gemacht zum Fliegen." Aber so unsinnig und ohne jedes Maß treibt es die Jugend ja oft. Es folgt eine nützliche und von tiefer Einsicht zeugende Sentenz. "Es tanzen zwar die Weisen auch, / Doch nur sich langsam drehend, / Sie tanzen mit Vernunftgebrauch, / Und nur vorübergehend."[221] Ein anderer Jüngling ist vom Blitz erschlagen worden. Technologie und Paränese gehen in Jungs Gesang eine eigenwillige Verbindung ein. "Am besten schützt uns allemal / Ein guter Blitzableiter, / Er zieht an sich den Blitzesstrahl, /

[219] *Auf einen Rechenmeister* [Haßler 1819, S. 51]; *Auf einen Straßenaufseher* [Haßler 1819, S. 61 f.]; Haug, *Grabschrift eines Uhrmachers* [W 1826, S. 168]

[220] *Bei dem Grabe eines Mannes, der in Betrunkenheit erfror*, in: *Die erhebendsten Grablieder des Hochwürdigen Herrn Michael von Jung weiland Pfarrer zu Kirchdorf bei Memmingen*, Kempten 1963, S. 19-23

[221] *Bei dem Grabe eines Jünglings, der sich zutod tanzte*, ebd., S. 24 f.

Und läßt ihn nicht mehr weiter; / Den besten Schutz gewährt jedoch / Ein ruhiges Gewissen, / Wenn wir uns frei vom Sündenjoch / Und seinen Folgen wissen."[222]

Jäger haben Wilderern aufgelauert und auf sie geschossen. Es kommt unter den Opfern zu einem mitreißenden Gespräch. "Der eine lispelte: mir tosen / Die Ohren und ich seh nichts mehr, / Der andre sprach: und in den Hosen / Lauft mir das warme Blut umher."[223]

Auch zahlreiche andere Leichengesänge halten ein, was ihre Titel versprechen: *Bei dem Grabe einer alten Jungfrau; Bei dem Grabe dreier Kinder, die im Kohlendampf erstickten; Bei dem Grabe eines Mannes, der von einem Kirchturm herab zutod fiel; Bei dem Grabe einer vortrefflichen Sängerin, die an der Kolera starb; Bei dem Grabe zweier Kinder, die Gift gegessen hatten; Bei dem Grabe zweier Männer, die beim Schlittenfahren umkamen; Bei dem Grabe eines Mannes, der bei einem Diebstahl ums Leben kam; Bei dem Grabe eines sechsfachen Mörders; Bei dem Grabe eines Mannes, der mit einem Regenschirm erstochen wurde; Bei dem Grabe eines Kindes, das in einen siedenden Kessel fiel; Bei dem Grabe einer Frau, bei deren letzten Zügen der mit Menschen angefüllte Kammerboden brach; Bei dem Grabe eines Mannes, der in einer Mörgelgrube ums Leben kam.*

Jung wurde wegen seines Liedersingens vom Kirchenrat bestraft und schließlich versetzt. 1839 veröffentlichte er seine Lieder. Zu einer Publikation der über zweihundert Grabschriften Jungs kam es aus Mangel an Subskribenten leider nicht.

Dilettantisches

Halsbrecherisch und mit Aplomb reimt ein *nicht epideiktisches*, d. i. ein an einem monumentalen Träger fixiertes Epitaph von 1617 in der Jakobskirche zu Adelsheim: "DAS HATT GETHAN DER EHRLICH MANN / HERR PETER GSELL DER SICH DARVON / GEMACHT HATT AVS DIESEM LEBEN / ALS MAN GEZEHLT MERCKH MICH EBEN / TAVSENT SECHSHVNDERT SIEBENTZEHEN IAR / DA DER ZWAINTZIGST SEPTEMBER WAR / ZV NACHT DA GRADT DIE ZWÖLFFE STVNDt / GESCHRIEN WVRDT AVS WECHTERSMVNDT / DA ER ERREICHT DIS ALTER HOCH / SIEBEN VND SIEBENZIG IAHR VND DOCH / NOCH SO FEIN VERMEGELICH WAR / NVN IST ER BEY DER ENGEL SCHAAR."[224]

Zweihundert Jahre später, in der Zeit der sogenannten heiligen Poesie, in der die Verehrung der Dichter die der Heiligen ersetzt hat und die Poesie zur Religion geworden ist, wird den Inschriften der klassizistischen Friedhöfe mehr Sorgfalt zuteil. Sie zitieren die Dichter oder sie wurden von einem dichtenden, mit der hohen Literatur vertrauten und an ihr geschulten Dilettanten verfaßt. Die überlieferten deutschsprachigen Ergebnisse aus dem frühen 19. Jahrhundert vermögen, anders als frühere Versuche

[222] *Bei dem Grabe eines vom Blitz erschlagenen Jünglings*, ebd., S. 57

[223] *Bei dem Grabe eines Mannes, der von Jägern erschossen wurde*, ebd., S. 90-92

[224] In: *Die Inschriften der Landkreise Mosbach, Buchen und Miltenberg*, Stuttgart 1964, (Die deutschen Inschriften, 8), Nr. 380

in dieser Sprache und so wie die lateinischen Grabschriften des Humanismus, in denen auf deutschem Boden eine lateinische heilige Poesie zur Blüte kam, auch heute noch ästhetisch zu überzeugen.

Zur gleichen Zeit, um Achtzehnhundert, wird der Form der komischen *epideiktischen* Grabschrift der geringstmögliche Aufwand gewidmet, wenn die Wirkung, wie in der Grabschrift *Auf den Friedensrichter Matz*, der "weder Hund noch Katz" verglich,[225] völlig von den Reimwörtern abhängt.

Resultiert die Komik einer in einem Almanach vorgestellten Grabschrift aus ihrer Unbeholfenheit, dann verbürgen sich die edierenden Philologen für deren Authentie. Der Wiener Musenalmanach präsentiert 1785 die *Beglaubigte Abschrift eines Epitaphiums auf dem Kirchhof des Dorfes Dreystätten in Unterösterreich*: "Hier in diesem Rosengarten / Liegt Johann Michel Hut, / Der auf sein Weib und Kinder thut — / Warten."[226] 1782 stellt der Wiener Musenalmanach die erfreuliche *Grabschrift eines Pfarrers* vor. Die Herausgeber wissen die Komik ihres offensichtlich literarisch überlieferten Fundes zu schätzen, die Grabschrift wird *neu abgedruckt als ein Muster eines leichten Reims*: "Hier liegt Herr Adam Melcher, / Ein Pfarrer gewesen ist welcher."[227] Die epigrammatische Verklärung des Wirkens und Untergehens Melchers hat die Mitarbeiter des Göttinger Musenalmanachs zu einer Variation über das gleiche Thema angeregt; Ergebnis ist die *Anticipirte Grabschrift* im Almanach von 1785. Sie zitiert zunächst das österreichische Vorbild und fügt dann eine anderes beliebtes und wohl aus der *Griechischen Anthologie* übernommenes Motiv hinzu: der Wanderer wird vor dem über das Ende seines Lebens hinaus Streitsüchtigen gewarnt. "Hier liegt begraben Herr Melcher, / Ein Pfarrer geweßt ist welcher. / Er hat gelebt in Zank und Streit, / In seiner ganzen Lebenszeit. / Drum, lieber Wandrer, glaube mir, / Flieh bald, sonst zankt er noch mit dir."[228]

Manchmal wird verzweifelt konstruiert. Auf einen Spieler wird im Epigramm *Auf einen erstochenen Spieler* eingestochen, damit er "nach so manchem Stich am letzten Stiche" zugrunde gehen kann;[229] ein Prediger, so das Epigramm *Auf einen Prediger, der sich zugleich als Arzt in seinem Kirchspiele gebrauchen ließ*, muß zusätzlich in der Medizin praktizieren, damit die von ihm Bestatteten auch von ihm getötet wurden und er auf "mehr als eine Art allein / Dem Vaterlande nützlich" ist.[230]

---

[225] Haßler 1816, S. 8
[226] S. 74
[227] S. 49
[228] S. 175
[229] VMA 1791, S. 144
[230] GMA 1772, S. 76

Tradition und Innovation

"Von Sylvien liegt hier, in diesem stillen Grabe, / Der Körper nur; von mir liegt etwas mehr: / Was ich gehabt, und was ich nicht mehr habe, / Das alles liegt in diesem Grabe." (Ws., Auf Sylviens Grab) "Von Silvien verschließet diese Höhle / Den Körper nur, von mir die ganze Seele." (v. Döring, Auf Silviens Grab)

Die Scherzinschriften der Musenalmanache folgen Logau und Wernicke, deren Sinngedichte ihre Aufgabe in der "Verhöhnung der Laster und Modetorheiten" (Wilpert) hatten. Ramler veröffentlicht 1787 das Epigramm *Auf den Arzt Scotus. (Nach Logau)*: "Scotus ist ein guter Arzt: wer sich sehnt hinauf zu ziehn, / Und den Plagen dieser Welt los zu sein, der rufet ihn!"[231] Im Jahr darauf stellt J. Karl Tutenberg die *Empfindungen eines Arztes auf einem Kirchhofe* vor: "Gott sey gelobt und hoch gebenedeyet! / Schon Manchen hab' ich doch von seiner Noth befreyet!"[232] Henslers Epigramm *Der Arzt* scheint von Logaus *Von dem Arzte Britomar* abzuhängen.[233] Aus dem Arzt Britomar ist der Doktor Taps geworden. Über beide führt kein Kranker, respektive Patient, je Beschwerde, da beide Mediziner ihnen zeitig den Mund, d. i. das Maul, mit Erde stopfen. Haug läßt beim Tod des Arztes Murner dann die Notare frohlocken, weil Murner "den Patienten / Nie Zeit zu Testamenten" ließ; J. G. Zimmermanns Thrax klagt darüber, daß sich keiner seiner Patienten je bei ihm bedanke, aber: "Was bellt der Narr bei mir so laut? / Dort auf dem Kirchhof muß er zanken."[234]

Die Inschrift *Auf einen betrügerischen Bäcker* scheint von Gryphius' *Überschrift für ein Beckerhaus* beeinflußt zu sein.[235] Opitz schrieb wie Flemming eine *Grabschrift eines Hundes*, der die Diebe anfuhr, die Buhler aber willig einließ und damit zur Zufriedenheit des Herrn wie der Hausfrau wirkte.[236] Beide Dichter haben offenbar die gleiche Vorlage übersetzt. Opitz und Rist verfaßten mit den Epigrammen *Die Maus und der Geizige* und *Avars Besorgniss* Dialoge zwischen einem Geizkragen und einer Maus, in denen das verständige Tier den Besorgten beruhigt: es sucht nur Unterkunft, nicht Nahrung.[237]

Die sich mit den Fragen um Leben und Tod im weiteren Verstande beschäftigenden Epigramme umkreisen immer wieder die gleichen Themen. Zur Zeit ihres Erscheinens dürfte dies kaum jemanden gestört haben; von Michaelis zu Michaelis hörte man gern immer einmal wieder, leicht variiert, den altbekannten geschlechts–, berufs– und lasterspezifischen Spott. Und wen sollte es heute echauffieren. Die dichtenden Dilettanten lassen sich nicht nur anregen. Sie imitieren bedenkenlos. Aber sie geben es selber zu

[231] VMA 1787, S. 126
[232] GMA 1788, S. 123
[233] GMA 1779, S. 136 = EA Bd I, S. 205
[234] Haug, *Als Murner starb* [GMA 1792, S. 77]; J. G. Zimmermann, *Der unwillige Arzt* [GMA 1794, S. 65]
[235] Haßler 1819, S. 75 = EA Bd II, S. 97
[236] EA Bd I, S. 45; S. 247
[237] EA Bd I, S. 60; S. 239

und wollen gar nicht originell, wohl aber dabei gewesen sein. Die Tradition dominiert, Innovationen sind selten.

Lupin, sagt seine *Grabschrift* im Göttinger Musenalmanach von 1775, hörte "zu essen auf" nach "sechzig Jahres Essenslauf", jetzt verdaut er die "lange Mahlzeit".[238] 1794 erscheint im Wiener Musenalmanach das *Gegenstück zu Henslers Grabschrift: Hier ruht Lupin, und hört zu essen auf u. s. w.*[239] Der mit *Papa von Papowsky* signierende Verfasser hat die Grabschrift für Herrn "Durstenheim" geschrieben und das Essen durch das Trinken, den Essenslauf durch den Trinkenslauf und die Verdauung durch den Rausch, den Durstenheim nun ausschläft, ersetzt.

Voß und die Griechische Anthologie

"Als an einem höheren Kreuze gekreuziget seinen Gefährten / Sah der neidische Thrax, ärgert' er sich, und verschied." (Voß, Der Neidische. Nach dem Griechischen)

Voß übersetzt Epigramme Theokrits und der *Griechischen Anthologie* für seinen Musenalmanach.[240] Weitere Nachdichtungen steuert Gleim bei.[241] *Nearchs Grabschrift* lautet in der Vossischen Fassung: "Sanft bedecke der Staub die Gebeine, welche hier ruhen. / Desto leichter, Nearch, wühlen die Hunde dich aus."[242] *Ung.* stellt fünf Jahre später die gereimte *Grabschrift. Ein Einfall des Ammian* vor: "Sanft ruh' auf ihm der Staub und leicht sey seine Erde! / Daß es den Hunden leicht ihn auszuscharren werde."[243] In der von Voß nachgedichteten *Grabschrift des Menschenfeindes Timon* antwortet dieser auf die Frage, ob es ihm im Leben oder im Tode weniger gefalle: "Ach im Tode! da giebts eures Gelichters noch mehr!"[244] Ein Gedicht der *Griechischen Anthologie* warnt Cerberus vor den Bissen Timons, zwei weitere Gedichte machen den Höllenhund auf verstorbene Giftspritzer aufmerksam, ein viertes sagt dem Wächter, daß der Menschenhasser Timon auch unten noch beißt.[245] Voß dürften diese Epigramme zu der *Grabschrift eines Kritikers* angeregt haben: "Geifernd vor Wut verreckte der Kritiker. Wenn er vorbeirennt, / Cerberus, krieche geschwind' unter dein Schauer: er beißt!"[246] Haßlers Sammlung von 1816 enthält die harmlose *Grabschrift eines Weidmanns*, in welcher dem Jäger "dort" lediglich das Wildpret fehlt und er es

[238] S. 78
[239] S. 109
[240] Vgl. *Grabschrift eines Schifbrüchigen. Nach Theokrit* [VMA 1798, S. 127]; *Grabschrift des Eurymedon. Nach Theokrit* [VMA 1798, S. 187]; *Grabschrift. Nach der Anthologie* [VMA 1798, S. 196]; *Grabschrift eines Knaben. Aus dem Griechischen* [VMA 1792, S. 102]; *Die Braut im Grabe. Nach der Anthologie* [VMA 1796, S. 93]
[241] Vgl. *Grabschrift auf Sardanapal. Aus dem Griechischen* [VMA 1788, S. 89]; *Grabschrift. Aus dem Griechischen* [VMA 1798, S. 133]
[242] VMA 1783, S. 24 = AG Buch XI, Nr. 226
[243] GMA 1788, S. 69
[244] VMA 1783, S. 55 = AG Buch VII, Nr. 317
[245] AG Buch VII, Nr. 319; Nr. 69; Nr. 70; Nr. 319
[246] VMA 1788, S. 162

gewiß beklagt, daß "Cerberus kein Jagdhund ist."[247]

Ein Epigramm der *Griechischen Anthologie* rät dem Wanderer, leise am Grab vorbeizugehen, damit der tote Streitsüchtige nicht aufwache; ein weiteres empfiehlt dem Passanten dringend die Flucht, damit er nicht vom verstorbenen Wortehagler angegriffen werde.[248] Weckherlin fordert in der *Grabschrift einer Zänkerinn* die "lieben Leut'" auf, "nicht hart" zu treten, um nicht "einen neuen Streit" zu wecken.[249] Die *Grabschrift eines Metzgers* in Haßlers *Wandler unter den Gräbern* von 1819 variiert; sie läßt nicht Laster, sondern eine berufliche Tätigkeit sich bedrohend fortsetzen. Freilich redet der Metzger den Spaziergänger zuvorkommend und voller Wohlwollen an: "Schaaf, Ochsen, Kalb und Schwein, die haben oft geschmeckt, / Wie tödtlich meine Faust im Leben sey gewesen. / Du Freund! geh fort, sobald du dies gelesen, / Eh' sich noch meine Hand nach deiner Gurgel streckt."[250] Offenbar sind dem Sprecher die vertrauten Handgriffe habituell geworden und er kann sich für nichts verbürgen. Zwar nun im Jenseits, bleibt er doch irdisch präsent und setzt in neuer Umgebung seinen Berufsalltag fort.

Mit *X.* zeichnet ein Nachdichtungen beisteuernder Mitarbeiter des Vossischen Musenalmanachs. Die *Grabschrift* auf Lükon sagt, daß der Schwelger, der sonst auf Krücken ging, in einer Nacht zum Tartaros gelaufen ist.[251] Eine andere *Grabschrift* bittet Pluton, den Dämokrit aufzunehmen, damit in seiner "stets unfreundlichen Schaar" wenigstens einer lache.[252] Das Epigramm *Auf einen Geizigen* verspottet den Reichen mit der Seele des Armen, der den Erben reich und sich selbst arm ist.[253]

Haug und die Epigrammatische Anthologie

"Schildert mich in keinem Trauerliede! / Weder Denkmal mir, noch Leichenstein! / Mein Verewiger, mein Nasenbein, / Rag' aus meiner Gruft als Pyramide." (Haug, Wahls Epitaphium)

Ganz anders als dieser Geizige trieb es Ulan, dem Haug eine Spottinschrift schreibt. *Ulan's Grabschrift* sagt, daß er, um Zwist unter den Erben zu verhindern, Geld und Gut verspielte und vertrank.[254] Vielleicht kannte Haug das Epigramm der *Griechischen Anthologie* auf die alte verfressene Psyllo, die sich selbst zur Erbin ihrer Güter macht.[255]

Haugs und Weissers *Epigrammatische Anthologie* stellt, wie die beiden Herausgeber in der *Vorerinnerung* mitteilen, deutsche und verdeutschte Epigramme "und

---

[247] S. 21
[248] Buch VII, Nr. 408; Nr. 405
[249] EA Bd I, S. 10
[250] S. 44 f.
[251] VMA 1786, S. 198 = AG Buch VII, Nr. 112
[252] VMA 1786, S. 107 = AG Buch VII, Nr. 59
[253] VMA 1792, S. 34 = AG Buch XI, Nr. 294
[254] GMA 1795, S. 236
[255] Buch VII, S. 607

namentlich aus der griechischen Anthologie" und "aus Martial" in einer Auswahl "der vorzüglichsten Uebersetzungen und Nachahmungen" vor. Komische Epigramme über den Tod Lasterhafter und epideiktische Spottgrabschriften sind reich vertreten. Flemming ist Beiträger mit der *Grabschrift eines Hundes*,[256] Logau mit den Epigrammen *Auf den Tod eines Trinkers* und *Von dem Arzt Britomar*,[257] Opitz mit der *Grabschrift einer Fliege*, der *Grabschrift eines Hundes*, der *Grabschrift des Sylvius* und der *Grabschrift eines Handelsmanns*[258] und Weckherlin mit Spottgedichten auf den Tod eines Trinkers und den eines Lasterhaften sowie mit der *Grabschrift einer Zänkerinn* und *Faulermanns Grabschrift*.[259]

In seine *Epigrammatische Anthologie* nimmt Haug Logaus Epigramm *Nasatus* auf: "Nasatus ist ein großer Herr, schickt ins Quartier, und meldt sich an: / Lakay, Trompeter meldt ihn nicht. Wer denn? die Nase kommt voran."[260] Haug schreibt *Zweihundert Hyperbeln auf Herrn Wahl's ungeheure Nase.* Neben Logau haben ihn Gedichte der *Griechischen Anthologie*, die große Nasen verspotten, angeregt. In deren elftem Buch handelt ein Epigramm von einem Mann, der nur Appendix zu seiner Nase ist; ein anderes berichtet von Nikon, dessen Nase lange vor ihm zu sehen ist, er selbst folgt höchstens fünf Stadien nach der Nase; einem dritten Mann dient die Nase als Angel und riecht trefflich den Wein, doch dauert die Übermittlung der Informationen über die Güte des Weins infolge der Nasenlänge von zweihundert Ellen ganze drei Sommerstunden. Einem Vierten ist die Nase gleichfalls Angel, ein Fünfter nutzt sie als Rettungsleiter beim Brand, einem Sechsten dient sie als Maßstab, Kastors Nase schließlich ist als Harke, Horn, Hippe, Anker, Angel, Pflug, Gabel, Zange, Schere, Axt und Klopfer Universalwerkzeug. Ein Achter endlich hat Probleme beim Schneuzen, da die Hand zu klein für die Nase ist; die Nase ist zudem so weit vom Ohr entfernt, daß es das Niesen nicht hört.[261]

Einzelne *Hyperbeln* Haugs sind von der *Griechischen Anthologie* deutlich beeinflußt. Ein Dieb, der Wahl eine Dose vor der Nase stiehlt, hat einen uneinholbaren Vorsprung; bei Wahls Geburt kommt zwei Tage lang seine Nase und erst am dritten er selbst zur Welt. Wahls Nase ist Waffe und er könnte den projektierten und erwünschten Neckar–Kanal mit ihr pflügen. Haug bezieht sich auf Castors universell einsetzbare Nase in der *Griechischen Anthologie* und sagt, von ihr handele nur ein Schwank; Wahls Nase aber vollführe wirklich alles. Für Haug ist das, worin er bei den Griechen nur Phantasiegebilde sehen kann, in Wahls Nase erfüllt: "*Erfüllte Weissagung eines Griechen.* // Seines Nasen=Unholds Ende / Steht so ferne vom Gesicht — / Unerreichbar ist's für seine Hände; / Wenn er niest, so hört er's nicht." Eine Fußnote verweist bei dieser letzten *Hyperbel* auf die Quelle in der *Griechischen Anthologie*.[262]

[256] Bd I, S. 247
[257] Bd I, S. 152; S. 205
[258] Bd I, S. 45; S. 48; S. 59
[259] Bd I, S. 4; S. 7; S. 10
[260] Bd I, S. 173
[261] Nr. 198; Nr. 406; Nr. 405; Nr. 199; Nr. 200; Nr. 267; Nr. 203; Nr. 268
[262] Bd I, Nr. 15; Nr. 25; Bd IV, Nr. 4; Nr. 34; Nr. 38; Bd I, Nr. 24

Tod durch Ertrinken

In den Musenalmanachen des Göttinger Hains befassen sich zahlreiche Spottgedichte mit Todesfällen durch Ertrinken. In den Gedichten begegnet uns das verschrobene, schrullige und lasterhafte Personal der epideiktischen Grabschriften. Ein Geizhals fällt in einen Fluß, ein Fischer will ihn retten und rät dem Ertrinkenden, er möge ihm schnell die Hand geben, doch der Geizhals "kan nichts geben" und ertrinkt; eine Frau — "Weib" — stürzt in den Strom, sinkt und ertrinkt, der erschrockene Gatte sucht sie flußaufwärts, wird deswegen scharf — "Poz Wetter!" — von einem Passanten kritisiert und verteidigt sich souverän: "Eur Rath taugt hier im mindsten nicht. / Denn weil die Sel'ge, da sie lebte, / In allen Dingen widerstrebte, / So fiel mir auch nicht unrecht ein: / Sie wird stroman geschwommen seyn."[263]

Weisser und Haug inszenieren eine kleine, von der Anakreontik angeregte Fehde zur Wein- und Wasserproblematik. Der eine Witwer ist über den Untergang der Gattin traurig, der andere froh. Die Zusammenstellung der beiden Gedichte auf der selben Seite in Stäudlins *Schwäbischer Blumenlese für's Jahr 1786* erweist, wie beliebig die Dichter dieses der Geselligkeit gewidmeten Mediums Positionen einnehmen; es geht ihnen nicht um Bekenntnisse irgendwelcher Art, sondern um Pointen. Weissers Fassung heißt *Der Ehemann, als sein Weib ertrunken war.* Der betrübte Witwer schwört dem Wasser "Haß auf ewig" und will "von heut an [...] nichts als Wein" trinken. Haug liefert das *Gegenstück*, die *Bekehrung eines Säufers.* Dieser haßt den Weingott, weil sein "böses Weib" im Wasser ertrank und wird Neptun "zum Dank / Hinfort nur Wasser" zu sich nehmen.[264] Elf Jahre zuvor hatte *O.* im *Lob des Wassers* schon eine alle Widersprüche zwischen Wein und Wasser aufhebende Synthese gefunden: das Wasser ist "um des Weines Willen" zu lieben. Es netzt die Berge, kühlt die Flaschen, spült die Gläser.[265]

Totengräber

Eine einleuchtende Beziehung zwischen dem Verstorbenen, dem Ort, an dem er nun ruht, und seinem aktiven Wirken auf Erden stellt die lateinische Inschrift des Grabmals für Joh. Agricola (†1620) her, er hat "2476 christliche Begräbnisse hierher begleitet."[266] Vertrauen wir der Statistik. Zweihundert Jahre später kommt es in der Todesanzeige, die dabei doch formal weniger eingeschränkt ist als die Inschrift, nicht mehr so sehr auf exakte Angaben an. Der Stuttgarter Totengräber Jak. Fr. Schwab ist 71-jährig "an Entkräftung sanft verschieden [...] Er war Christ und Menschenfreund, und seit seinem

[263] Blumauer, *Der Geizhals* [VMA 1787, S. 9]; *Die ertrunkene Frau* [GMA 1780, S. 72]

[264] S. 64

[265] VMA 1777, S. 93

[266] In: *Die Inschriften des Landkreises Haßberge*, München 1979 (Die deutschen Inschriften, 17), Nr. 363

16 Jahre mit dem Tode vertraut, indem er Tausende zur Erde bestattete."[267] Haugs *Todtengräberlied* gewährt einen schönen Einblick in die ethischen Aspekte des Berufs. Offenbar läutert und vervollkommnet er: "Seit ich Gräber höle, / Achtet meine Seele / Gold und Ehre ring."[268] Die Totengräber schätzen ihre Profession entsprechend hoch, sie wissen sehr wohl, daß sie ihrem Beruf und den zu seiner Ausübung unentbehrlichen Attributen schlechthin alles verdanken. Darüber hinaus gewährt der Beruf Kontakte zu allen Gesellschaftsgruppen. Hölty übertreibt in seinem *Todtengräberlied* durchaus nicht: "Grabe, Spade, grabe! / Alles, was ich habe, / Dank' ich, Spaden, dir! / Reich und arme Leute / Werden meine Beute / Kommen einst zu mir!"[269]

Von anderen Verhältnissen berichtet die *Grabschrift auf einen Todtengräber* im Vossischen Musenalmanach von 1787. Der Friedhofsbedienstete ist herzlich den von ihm Bestatteten verbunden und er nennt sie liebevoll *meine tausend Leichen*, doch er hat dabei Hintergedanken. Er nennt seine Leichen nicht, wie sein Kollege, dessen Lied Hölty mitteilt, *Beute*, doch er verfüttert sie an den Tod und hofft, dieser werde die Bemühungen honorieren. Der Tod aber läßt nicht mit sich reden, der Totengräber wird selbst seine *Beute*, und die Grabschrift verspottet ihn sogar noch: "Wer andern eine Grube gräbt, / Fällt endlich selbst hinein."[270] Haßler stellt in seiner Sammlung von 1819 eine Kurzfassung der Inschrift vor.[271]

Die ökonomischen Grundlagen des Totengräberamtes deckt Haug auf. Rivale, aber auch Freund des Totengräbers ist der Scharfrichter. Beide unterreden sich über die schlechte Konjunktur. Im Dialog *Der Todtengräber und der Scharfrichter* klagt der eine: "Wie Zeit und Noth uns drängen! / Dein Freund verdirbt: / Ach, *Niemand stirbt!*" Der andere ergänzt: "Dein Freund verdirbt: / Ach, *Niemand läßt sich hängen!*"[272] Das Wettbewerbsverhältnis ist nur in einer bestimmten wirtschafts- und kriminalgeschichtlichen Konstellation möglich: noch läßt man die Hingerichteten der Abschreckung halber hängen und verscharrt erst die Gebeine auf dem Anger oberflächlich; schon aber denken beide, Totengräber und Henker, werktätig unter dem freien Himmel mit Spaten und Strang, rücksichtslos an eine Maximierung des Profits. Haug macht längst Vergangenes anschaulich; dabei drängen sich die Erfahrungen seiner eigenen Zeit ein.

---

[267] *Schwäbische Chronik*, 20.9.1815
[268] StMA 1786, S. 47
[269] VMA 1777, S. 60
[270] S. 89
[271] S. 64
[272] W 1840, S. 80

Gehenkte

"Ach, mein Pathe, mein guter! / Windet's nicht stark, so ruht er." (Haug, Niklas Reim über seinen Pathen am Galgen) "Wer kennet nicht den Wuchrer Helm? / Erst jüngst ward er ein Herr von Stande, / Und heute hänget schon der Schelm — / Vorerst an einem Ordensbande." (Fr., Schnelle Standeserhöhung)

Blumauer schreibt die *Grabschrift eines Spaniers auf seinen gehenkten Vetter*; der Wanderer soll in die Höhe sehen und, wenn er dem "armen Sünder" Ruhe gönnt, wünschen, "daß der Wind nicht wehe."[273] Wo die Grabschrift auf das baumelnde Opfer angebracht ist, und ob man unter diesen Bedingungen von einem Grab sprechen kann, bleibt offen. Dorilas, feixt Hensler in der *Grabschrift*, hat es nur dem Glück zu verdanken, daß er "hier liegt" und nicht "hier hänget".[274] Sicher aber vermag der zum Hängen Determinierte durchs Leben zu gehen, unangefochten von anderweitig Verderbenbringendem. Armbruster wendet sich despektierlich und Ehrabschneidung intendierend *An einen Finanzrath*: "Wen sein Geschik, wie dich zum Galgen schuf, / Kann für dem andern allen ruhig schlafen."[275]

Haug läßt in der *Anticipirten Grabschrift* einem Dieb von der Parze den Lebensfaden, den Todesfaden von einem Seiler spannen;[276] B. J. Kollers *Grabschrift eines Gehenkten* berichtet von einem, dem die Parze den Lebensfaden zu fein spann, weshalb er "einen Strick sich für den Faden" eintauschte.[277]

Besonders gefährdet sind Geizige, Spekulanten, Bösewichte, Grab- und sonstige Räuber, Professoren, insbesondere solche der Dichtkunst.[278]

Die Paränese verharmlost sträflich: "Ihr Schurke, stellt ihr nicht das Stehlen ein, / So laß ich euch zum nächstenmale henken / Und wird auch dieß euch keine Warnung seyn, / So werd ich schon auf schärfre Strafen denken", lautet Bernritters *Richterliche Ermahnung*.[279]

---

[273] VMA 1784, S. 191

[274] GMA 1772, S. 70

[275] StMA 1782, S. 70

[276] W 1826, S. 168

[277] WMA 1791, S. 118

[278] Vgl. Hensler d. J., *Grabschrift eines Geizigen* [GMA 1776, S. 45]; Schink, *Grabschrift* [GMA 1798, S. 180]; *, *Auf einen gefährlich kranken vornehmen Bösewicht* [StMA 1785, S. 102]; Haug, *Veit* [W 1807 Bd I, S. 179]; Gryphius, *Von dem Lykander* [EA Bd II, S. 41]; Haug, *Vereitelte Drohung* [W 1840, S. 73]; Schiller und Goethe, *Verfehlter Beruf* [SMA 1797, S. 215]; **, *Ueber den Tod eines Professors der Dichtkunst* [GMA 1783, S. 141]

[279] StMA 1784, S. 23

Herr und Knecht

Wir erfahren von der Inschrift für den 1815 auf dem Hoppenlau–Friedhof zu Stuttgart beigesetzten Johannes Hess, daß sein Leben in der Treue zum Herrn aufging: "ER LEBTE UND STARB IN NIE/DERM STANDE, ABER ER ADELTE IHN / DURCH RECHTLICHKEIT UND / TREUE ANHÄNGLICHKEIT AN / SEINEN HERRN DER IHM DANK–/BA[ ]SEZT / [ ]". Der Unterprivilegierte vermag durch treuen Dienst und Rechtlichkeit immerhin zu erreichen, daß ihm sein dankbarer Herr ein Denkmal setzt. Mehr nicht. Den niederen Stand hat Hess geadelt, er lebte in ihm, verließ ihn nicht, starb in ihm. Noch in seiner Grabschrift erscheint Hess nicht als selbständiger Mensch von eigenem Wert, als autonomes Individuum, dessen Tugenden um ihrer und um seiner selbst willen hervorzuheben sind; von deren Wert erfährt der Leser hier, wo es um den Verstorbenen gehen sollte und wo niemand sich für den selbstgefälligen Herrn interessiert, nur in der Beziehung auf diesen. Aus dessen Sicht freilich steht alles bestens, die Untergebenen dienen, und er setzt dann auch schon einmal gerührt ein Denkmal. Einer wie Hess war der 1817 auf dem Hoppenlau–Friedhof bestattete Heinrich Brennecke; seine Inschrift lautet: "RECHTSCHAFFENHEIT / UND TREUE / GEGEN SEINE HERRSCHAFT / ERWARBEN IHM / DIESES DENKMAL / DER DANKBARKEIT / FRIEDE SEINER ASCHE." So ist der Friedhof Ort der Brüderlichkeit, keinesfalls der Gleichheit, die man gerade hier erwartet hätte, und schon gar nicht der Freiheit.

Haug kennt offenbar eine ganz ähnliche Inschrift; vielleicht haben ihn sogar die beiden Inschriften für Hess und Brennecke zu dem Gedicht *Rührende Grabschrift* angeregt. Es beginnt mit der Grabschrift selbst: "'Ein Diener, ohne Habsucht, ohne Tadel, / 'Von niedrem Stande, doch voll Seelenadel, / 'Hat vierzig Jahre Dienstes mir geweiht. / 'Verkünde, Leichenstein, der Folgezeit / 'Des Treuen Lob und meine Dankbarkeit.'" Nachdem Haug die Grabschrift, in der der Herr den treuen Dienst würdigt, vorgestellt hat, wendet er sich seiner eigenen Rührung zu; die Tränen über "das Herz des Herrn", nicht aber über die Tugenden des Dieners, bürgen für den Wert des Denkmals: "O seltnes Denkmal, schöner als Trophäen, / Und heiliger als Mausoleen, / Weil Thränen mir im Auge stehen. / Weit überstrahlt das Herz des Herrn / Den wohlverdienten Ordensstern." Das Gedicht schließt mit einer Versicherung über die pädagogische Nützlichkeit des Grabmals: "Gewiß, der Gute weilt da gern; / Der Schlimme, von der That gehoben, / Muß, schamroth, Besserung geloben."[280]

Ein mit *E–st.* zeichnender Verfasser veröffentlicht im Göttinger Musenalmanach von 1786 Verse *Zum Andenken eines verstorbenen Knechtes*: "Oft hast du, mein treuer Knecht / Dienstvoll dich gebücket. / Dankvoll sey die kalte Hand / Dir dafür gedrücket! // Hier gilt zwar ein Knecht nicht viel; / Aber solche Knechte / Treu, wie du, die setzen sich / Dreist an Gottes Rechte. // Längst bist du schon himmelwärts / Unbemerkt gegangen. / Engel! habt ihr Engel lieb, / Eilt ihn zu empfangen."[281] Der

[280] W 1840, S. 276 f.
[281] S. 124

Autor scheint es ganz richtig zu finden, daß Knechte hier nicht viel gelten. Während Aristokraten, Gelehrten oder den Angehörigen von Dichtern gewidmete Trauergedichte selbstverständlich deren vollständige Namen und deren Titel und Würden nennen, bleibt der Knecht anonym. Knechte gibt es viele, Angehörige, Denker und Fürsten sind einmalig und unersetzlich. Die erste Hälfte einer jeden der drei Strophen des Gedichtes spricht von den Schattenseiten des knechtischen Daseins — dem Bücken, der fehlenden Anerkennung, dem ruhmlosen und unbemerkten Dahingehen —, die Schlußverse jeder Strophe wissen von dem Lohn — dem dankvollen Händedruck, dem Platz zur Rechten Gottes, dem Empfang durch die Engel. Doch noch in die Darstellung der sonnigen Seiten des jenseitigen Knechtseins dringt die trostlose Wirklichkeit ein: Die Hand ist schon kalt; es scheint durch, daß der Knecht so nahe bei Gott doch nichts zu suchen hat und ungestüm dörperlich andrängt; die anderweitig ausgelasteten Engel müssen aufgerufen werden, sonst würden sie den deklassierten Artgenossen übersehen.

Aristokratenkritik

"Ha! wie er kräht, / Des Morgens früh, / Des Abends spät! / Wie er mit seinem Hühnervieh / Sich amüsiert! O seht, / Wie macht er ohne Band und Stern / So gut den großen Herrn!" (v. Döring, Der Haushahn)

Die Epigramme in den Almanachen des ausklingenden 18. Jahrhunderts beschäftigen sich mit dummen und dünkelhaften Aristokraten. Junkern ist die irdische und die himmlische Gleichheit ein Greuel. *Lep.* überliefert eine *Kirchhofs=Anekdote*: "Hier modert Junker Kilian. / Und Bürgerleichen neben an. / 'Auf Ehre!' schwur ein Edelmann, / 'Das hätte Herr von Kilian / In seinem Leben nicht gethan.'"[282] *Der sterbende Landjunker* will nicht Bürger der Herrlichkeit Gottes sein, auf dem Totenbett schreit er: "Zum Bürger? was?" und bekräftigt ein für allemal: "Ich bin und bleib' ein Edelmann!"[283] Er möchte nicht zum Bürger degradiert werden. Den Lords wird dafür heimgezahlt. Die kritische Rezeption einer herzoglichen Grabschrift erweist, daß für Lords im Himmel kein Platz ist. 1789 findet sich im Vossischen Musenalmanach das Gedicht *Auf die Inschrift an dem Grabmale des Herzogs von Richmond, Ultima domus. Nach dem Englischen.* Dem Lord ist, meint der Dichter, "Sein leztes Haus das Grab." Anderen Christen aber ist mehr verheißen. Die aristokratenkritische Auflösung des Widerspruchs lautet: "Vielleicht hat ieder Recht; und dann folgt nur daraus: / Für Lords sei dort kein Haus."[284] Gar keine Probleme treten auf, wenn in Goeckingks *Grabschrift auf Junker Hannsen* ebendieser "Junker Hans von sechzehn Ahnen" die Auferstehung ignorieren und weiterruhen will, falls es in jenem Leben keine "Ahnen,

[282] TBV 1797, S. 252
[283] VMA 1789, S. 113
[284] S. 69

Hasen und Fasanen" geben sollte.[285]

1785 starb in der *Grabschrift v. Einems* der "alte Abendthau" an "seiner jungen Frau."[286] 1819 ist in der Inschrift *Auf einen Ehemann* in Haßlers *Wandler unter den Gräbern* aus dem *Alten* despektierlich der "Herr von Abendthau" geworden, der nicht eindeutig an der eigenen, sondern, wohl als Opfer außerehelicher Impulse oder Begehren und einer dämonischen, den engen Rahmen des Ehebettes zersplitternden, vielleicht gar pulverisierenden Triebkraft, "an einer jungen Frau" starb.[287] Verständlich und bei allem historischen Abstand einleuchtend ist, daß die biederen und gewerbefleißigen Bürger ihre mannbaren Töchter den liederlich lebenden und wirtschaftlich heruntergekommenen Aristokraten nicht anvertrauen wollen. "Nein, gnädger Herr, das können Sie nicht dulden, / Daß eine Bürgerstochter Ihre Hand verwarf! / Eur Gnaden haben ja auch Schulden, / Wovor kein Prinz sich schämen darf."[288] Die Probleme um Wollust und Impotenz regen mehrere Epigramme an.[289]

Personalfragen

"Wer unter seinen Händen starb, der starb dogmatisch." (Rabener) "Finanzrath Preller krankt; Sein Leibarzt hilft ihm enden. / So stirbt der Dieb doch unter Henkershänden!" (Haug, Preller's Ende)

In den Spottinschriften und Scherzgedichten der Almanache begegnen uns einige Typen immer wieder, aber nur wenige Figuren aus diesem Ensemble treten durchgehend in verschiedenen Gedichten unter denselben festen Eigennamen auf. Einige Namen sind der *Griechischen Anthologie* entnommen: Timon, Diophant, Lükon. Arzt Burro dürfte Nachfahre seines Kollegen Bullus in der *Anthologie* sein.

Viele Übeltäter tragen sprechende Namen. Knaus schmarotzt, Scharfklau betrügt, Dubius zweifelt, Bibus trinkt, Timon haßt die Menschen, Humm redet bedächtig, Hypnophilus schläft gerne, Simplicius ist dumm, Politikus kannegießert, Neidhard gönnt anderen nichts, Bös ist Finanzminister, Mimo Schauspieler, Sentillo empfindamer Trinker, Sanssouci und Faul sind Müßiggänger.

Einigen Namensträgern sind in verschiedenen Gedichten unterschiedliche, sich dabei aber nicht widersprechende Eigenschaften und Berufe zugeordnet. Raps ist Krieger, aber auch korrupter Beamter, Velten Bauernschinder und froher Witwer, Kleant(h) Betrüger und Gourmet, Sassafras Geizkragen und Arzt, Markul(f/ph) Wucherer und Verführer.

Wir stehen vor einem Panorama der menschlichen Schwächen und Laster, der

---

[285] GMA 1776, S. 9

[286] GMA 1785, S. 39

[287] S. 17

[288] Brückner, *Standesmäßige Ehre* [VMA 1778, S. 38]

[289] Vgl. O., *Grabschrift eines Mädchenjägers* [GMA 1785, S. 80]; B., *Der alte Wüstling* [VMA 1796, S. 58]; K., *Gespräch* [StMA 1785, S. 132]; Haug, *Der Wahrsager* [TBV 1812, S. 290]; K. G. Prätzel, *Am Grabe eines Wüstlings* [TBV 1813, S. 281]

schlechten Eigenschaften, Defizite und fragwürdigen, seltener harmlosen Tätigkeiten. Schlemmer sind Lükon und Lupin, Trinker Strymon und Davs, feige Krieger Till, Spalt und Johann, Müßiggänger Piger und Witt, Geizkragen Harpagon und Merill, faule und korrupte Beamte Lisimon und Tuck, Pastoren Dick und Trumpf, Juristen Valentin und Mops, Ärzte Murner, Firmo, Rotill, Recipe, Taps, Britomar und Scotus, schlechte Autoren Bavius, Ventosus und Stax, zänkische Ehefrauen Xanthippe und Kunigunde, Konkubinen Messalina und Nerine.

Olint verführt, Ulan trinkt und spielt, Asin hält mit beiden mit. Olan ist tückisch, verschuldet, aufgeblasen und verlogen, Erast wird als Ehemann geplagt und Lycidas betrogen, ebenso Professor Knauf.

Columnus ist ein Mann von vielen üblen Eigenschaften und ein universaler Bösewicht, Sylvius eigennützig, Gorgil habsüchtig, Kakotes ehrlos, Zadock ehrgeizig. Marull betrügt, Neodor fragt viel, Garrula schwätzt gern, Zyriax sucht als Kritiker Streit, Diophant ist als Geistlicher gefürchtet.

Knips gerät bereits in Verdacht, weil er fleißig Naturalien sammelt; Almaranth schert mit leichter Hand Bärte und erhält die freundlichsten Wünsche für ein Grab, auf dem die Erde ebenso sanft ruhen möge wie auf des Kunden Wange die Hand des Meisters.

Selten werden bedenkenlos Namen mißbraucht, zu denen der mit der Überlieferung Vertraute bislang anderes und weniger Albernes als das nun von den Spottgedichten Mitgeteilte assoziieren mußte. Ismene wird zur eigensinnigen Ehefrau, Udo zum Opfer einer solchen. Sangershausen teilt *Bei Ismenens Tode* mit: "Das war das erste mal / Daß sie nicht ihren Willen hatte! / Sprach bei Ismenens Todesfall / Ihr tiefgebeugter Gatte";[290] Haug will von *Udo* wissen: "Udo starb. Sein letzter Wille gilt. / Ach! der erste, den sein Weib erfüllt."[291] Anders als im Gedicht des Vossischen Musenalmanachs ist in Wahrheit, d. i. bei Sophokles, Ismene die zurückhaltend ernste Schwester der Antigone; Udo dürfte wahrscheinlicher noch als Odysseus, wofür Horckheimer und Adorno im *Odyssee-Exkurs* der *Dialektik der Aufklärung* es erwogen haben, eine Dialektform des griechischen *Udeis*, "Niemand", sein; gerade Odysseus aber war, folgen wir Homer, Gatte einer herausragend vorbildlichen Ehefrau.

---

[290] VMA 1780, S. 130
[291] W 1807 Bd I, S. 96

Bav

"Als du die griechischen Götter geschmäht, da warf dich Apollo / Von dem Parnasse; dafür gehst du ins Himmelreich ein." (Goethe und Schiller, Xenien. Der Ersatz) "Dichter. / Ich dichte nun, mein Herr, / Seit zwanzig Wochen täglich / Zwei Strofen ohne R: / Das ist unendlich schwer. / Johnson. *Ich wollt', es wär' unmöglich." (Haug, Der Dichter und Johnson)*

Betrachten wir nach Harpax eine weitere dieser Figuren näher. Bav gilt als guter Mensch, er schläfert aber als Autor seine Leser ein.[292] Bav ist ohne es zu wollen Feind Apollons und der Musen. Sein "Drommetenhall stürmt Föbus Tempel um" und sein "Geheul verscheucht vom Helikon die Musen!"[293] Wer sich für Bav erklärt, der gerät selber in die Kritik. "Du wagst es, Bavus Schrift ganz fehlerlos zu nennen? / Wer Fehler finden soll, muß Fehler suchen können!"[294] In dem Kreise unproduktiver Autoren rund um Bav ist der Konkurrenzkampf erbarmungslos. "Der Reimer Mäv klagt, daß der Reimer Bav / Jüngst einen Einfall ihm gestohlen — / Den Sünder muß der T..... holen; / Er raubt ja — o verruchter Bav! — / Dem armen Mann sein einzig Schaaf."[295] Bav gilt seinem Publikum als geistiger Krüppel. "Auf deine Verse subskribiren / Soll ich? — nein, guter Bav, nein! / Soll mir das Herz ein Bettler rühren, / Muß er am Leib, und nicht allein / Am Geist, wie du, ein Krüppel seyn."[296] So vermag er denn auch im Familienleben und vor anderweitige Aufgaben gestellt nicht zu überzeugen. Seine Gegner harren auf ihm zustoßende Mißgeschicke, um ihn bösartigst verhöhnen zu können. "Als Bavs des Reimers Lenchen / Im ersten Jahr / Mit Noth ein todtes Söhnchen / Zur Welt gebar; / So rief Paulin: O Schande! / Der schofle Mann! / Er bringt auch nichts zu Stande / Das leben kann."[297] Bavs Verse sind bereits zu Lebzeiten ihres Verfassers tot.[298] Er ist in sich selbst verliebt. "Bav, der sein Ich nur immer fühlt, / Gleicht meinem Hunde, / Der drollig manche Stunde / Mit seinem eignen Schwanze spielt."[299] Wenn er aus seiner Geliebten eine poetische Figur machen will, dann muß er eine herbe, aber letztlich ja eigentlich doch schmeichelhafte Abfuhr erfahren. "Bav. / Wie nenn' ich dem Parnaße dich, / Mein liebes, holdes Kind? / Julchen. / Europa, bitt' ich, nenne mich; / Europen liebt' ein Rind."[300] Liegt Bav zu Füßen einer anderen geliebten Frau, dann "kann man wahrlich sagen: / Der Schöps blöckt nach dem Schaf."[301] Bav erhofft sich vom Wein eine poetische

---

292 Hst., *Bavs Lob* [GMA 1780, S. 60]
293 Hensler d. J., *Bavs Rettung* [VMA 1781, S. 33]
294 Haug, *An Bavus Recensenten* [GMA 1797, S. 212]
295 Weisser, *Das Plagium* [StMA 1786, S. 115]
296 Weisser, *An Bav* [StMA 1786, S. 109]
297 Pfeffel, *Die poetische Geburt* [VMA 1785, S. 82]; vgl. auch Weisser, *Auf einen schwächlichen Ausschreiber* [StMA 1785, S. 58]
298 v. Halem, *An Bav* [VMA 1791, S. 169]
299 Wp., *Bav* [GMA 1776, S. 140]
300 Pfeffel, *Der poetische Namen* [VMA 1777, S. 9]
301 Pfeffel, *Bav und Dorchen* [VMA 1778, S. 195]

Stimulation, aber das Getränk betäubt ihn lediglich und gewährt keine Eingebungen. "Bavs Lied erhob den Wein / Zum Dichtersteckenpferde. / Bav muß kein Dichter seyn: / Ihn wirft es oft zur Erde."[302] Schlägt Bav auf der Suche nach Ideen an seinen Kopf, dann pocht er "an ein ledig Haus."[303] Bavs Mäzen sähe lieber seinen Hofpoeten tot und dafür Lessing lebendig; immerhin kommt Bav in den Himmel, während Voltaire in der Hölle brennen muß, da der französische Denker "die Schrift misdeutete, die Bav — nur misverstand."[304]

Affirmatives

"Mirons treues Herz! Hier — scharrte man es ein! / Eine Welt voll Liebe decket dieser Stein." (Mahler Müller, Amynt an Mirons Grabe)

Grabschriften reden Lob, die scherzhaften epideiktischen Inschriften der Almanache sprechen selten einmal das Affirmative aus. Lediglich einzelne Epigramme auf mehr oder minder bedeutende historische Persönlichkeiten wie Alxinger, Aretino, Hofrath Baldinger, Dante, J. A. Ebert, Münzcabinets=Direktor Eckhel, Gustav Adolf, Hagedorn, Herzberg, Giovanni Mirandola und Geronimo Beneveni, Nero, Raphael, Rousseau, Schlegel, Spiegel, Sterne, Uz, Virgil sind panegyrisch.[305] Einzelne Persönlichkeiten werden kritisiert.[306] Manchmal haben diese Epigramme mit dem Verstorbenen wenig zu tun und es geht ihnen, wie den Spottgrabschriften, um den witzigen Einfall, die Pointe. Der Vossische Musenalmanach von 1780 enthält die Inschrift *Auf Leibniz Grabstein*: "Daß du umsonst erfährst, wer unter diesem Steine / Begraben liegt, das Wandrer! dankst du mir; / Sonst sagte nur für Geld der Küster dir; / Hier ruhen Leibniz Gebeine!"[307] Gleim schreibt das Epigramm *Als Chodowiecki gestorben war*:

[302] Haug, *Bav* [GMA 1791, S. 185]

[303] Meißner, *Bav. Nach Swift* [VMA 1778, S. 198]

[304] v. L., *Gespräch* [VMA 1784, S. 93]; -x., *D. Bavius und Voltaire* [StMA 1782, S. 5]. Vgl. zu Bav auch die Epigramme: Tiedge, *Bav* [TBV 1804, S. 282]; E. A. W. v. Kyaw, *An Doctor Gall* [TBV 1809, S. 291]; Lep., *Der Pasquillant* [TBV 1811, S. 240]

[305] Vgl. etwa Ratschky, *Auf Alxingers Tod* [TBV 1798, S. 255]; Meyer, *Leonardo Bruno Aretino* [GMA 1792, S. 182]; Kästner, *Spott des Todes über den Herrn Hofrath Baldinger den 1. März 1784* [GMA 1785, S. 108]; Meyer, *Bernardo Bembo auf Dante's Grabmahl* [GMA 1791, S. 176]; *Dante's Grabschrift* [GMA 1791, S. 176]; K. Schmidt, *Grabschrift auf J. A. Ebert* [VMA 1796, S. 32]; J. F. Ratschky, *Grabschrift des k. k. Münzcabinets=Direktors Eckhel. Wien im Mai 1794* [TBV 1799, S. 320]; Kästner, *Auf Gustav Adolphs Tod* [GMA 1771, S. 5]; Gleim, *Auf Hagedorns Grab* [VMA 1779, S. 199]; Dt., *Grabschrift auf Herzberg* [VMA 1796, S. 87]; Meyer, *Giovanni Mirandola und Geronimo Beneveni* [GMA 1792, S. 198]; Meyer, *Einer Höhle Römerschrift* [GMA 1791, S. 147]; Gleim, *Grabschrift auf Raphael* [GMA 1801, S. 148]; K. Schmidt, *Jakob Roußeau's Grabschrift* [VMA 1779, S. 186]; *Schlegels Grabschrift. 1764* [GMA 1770, S. 40]; Gleim, *An Spiegels Grabe* [VMA 1786, S. 146]; Gleim, *An Spiegels Grabe* [VMA 1786, S. 152]; Haug, *Auf Sterne's Grab* [VMA 1800, S. 80]; I. R., *Grabschrift auf Uz* [VMA 1797, S. 33]; -r-, *Auf Virgil's Grabmaal zu Posilippo bei Neapel* [GMA 1795, S. 92]; B., *Grabschrift* [VMA 1796, S. 89]

[306] Vgl. -g, *Unter die goldene Statue an Gorgils Grabe* [StMA 1782, S. 183]; P., *Auf Ludwig XVI.* [StMA 1784, S. 47]; Pfeffel, *Auf Mirabeaus Grab* [VMA 1792, S. 79]

[307] S. 202

"Chodowiecki war! / War! Wär' er nicht gewesen, / So blieb wohl eine Schar / Von unsern Büchern ungelesen."[308]

Eine Grabschrift nimmt Stellung zu französischen Rechts- und Religionsstreitigkeiten: "Hier liegen die geräderten Gebeine / Des armen Calas. Wandrer! weine! / Und wenn du Protestant und Fremdling bist, / So fall auf deine Knie, und danke Gott, daß deine / Geburtsstadt, nicht Toulouse ist."[309] Der Hugenotte Jean Calas (1698-1762) war Opfer eines Justizmordes. Sein ältester Sohn Marc Antoine wurde im Oktober 1761 erhängt im Kleidergeschäft der Familie aufgefunden. Die Familie wurde beschuldigt, den Sohn umgebracht zu haben, um seine Konversion zu verhindern. Auch in der Folter beteuerte Jean Calas seine Unschuld. Er wurde gleichwohl gerädert, gehenkt und verbrannt. Voltaire trat für Calas ein und der Fall lieferte wichtige Argumente für die 1788 in Frankreich durchgeführte Kriminalrechtsreform.

Den Spottgrabschriften geht es um weniger Gewichtiges. Die Pointe im Epigramm *Auf eine sanftmütige Frau* zielt darauf ab, daß die Fromme nur deshalb *nicht* streitsüchtig, geschwätzig und voller Widerspruchsgeist war, weil sie "ja taub und stumm" war.[310] Und ein Pfarrer bekommt zwar *Wahre Nächstenliebe* attestiert, sein Nächster ist aber ein Esel: "Lezten Sonntag zog aus frommem Triebe / Pastor Trumpf / Einen Esel aus dem Sumpf: / Wahre Nächstenliebe."[311] Das Epigramm *Auf einen Rechtsgelehrten von Haug* spottet, daß, als der "Rechtsgelehrtheit Magazin" stirbt, es "Schad' um sein Wissen — nicht um ihn!" ist.[312] Die Inschrift *Auf einen gewißenhaften Advokaten* führt vor, wohin es mit einem ehrenwerten Anwalt in korrupter Umgebung kommen muß: "Hier ruht ein seltner Advokat, / Der Unrecht nie vertheidigt hat, / Und Eintracht Jedermann empfahl; / Er starb ... im Hospital."[313] Direktes Lob verbindet sich mit indirektem Spott über Dritte. Gleiches leistet die *Grabschrift* für einen Kollegen des Advokaten: "Gott thut noch Wunder dann und wann! / Hier ruht ein Advokat, und sehr rechtschaffner Mann."[314] Haug verfaßte *Olans Grabschrift*. Er, Haug, nutzt sie, die Grabschrift, zu einem bravourösen Rundumschlag gegen Ärzte, Pietisten, Grafen, Ritter, Dichter und Leichenredner, wobei letztere, die Poeten und Prediger, als Muster mangelnder Wahrhaftigkeit auftreten: "Hier schläft Olan den Todesschlaf, / Er, den kein Arzt an blindem Glücke, / Kein Pietist an böser Tücke, / An Schulden kein erlauchter Graf, / An Aufgeblasenheit kein Richter, / An Lügen kein verliebter Dichter, / Kein Leichenredner übertraf."[315]

Unmittelbares Lob einer Person im Dienste versteckter Kritik an einer anderen begegnet uns sowohl in Scherzinschriften, die einem Typus gelten, als auch in solchen, die sich mit historischen Personen befassen.

---

[308]GMA 1802, S. 200
[309]-tt-, *Grabschrift auf Calas* [VMA 1780, S. 115]
[310]Haßler 1819, S. 18
[311]StMA 1782, S. 55
[312]Haßler 1816, S. 15
[313]Haßler 1819, S. 1
[314]VMA 1782, S. 140
[315]W 1807 Bd I, S. 123

Lessing findet, folgt man seiner *Grabschrift auf Voltairen*, am Kollegen einiges zu tadeln, mehr zu loben, und er steht, indem er Voltaire Fehler verzeiht, so wie Gott gnädig ist, mit diesem zusammen gegen die beschränkten klerikalen Gegner. "Hier liegt — wenn man euch glauben wollte, / Ihr frommen Herr'n! — der längst hier liegen sollte. / Der liebe Gott verzieh aus Gnade / Ihm seine Henriade, / Und seine Trauerspiele, / Und seiner Verschen viele: / Denn was er sonst ans Licht gebracht, / Das hat er ziemlich gut gemacht."[316]

Die Absicht, einen Verstorbenen zu loben, verschränkt sich mit dem Vergnügen an einer komischen Vorstellung in Weissers *Gespräch. Wie der tapfere Hr. Hauptm... auf seinem Bette sanft und selig verschied.* Das Herz des Hauptmanns schlägt nicht mehr, man erwägt daraufhin: "Schreit ihm ins Ohr: der Feind rückt an! / Vielleicht dann klopft es wieder."[317] Was dem Hauptmann der Feind ist, sind dem Bischof Austern. Haug schreibt *Averils Grabschrift*: "Ich irischer Bischof Averil, / Leert' Austernfässer o mehr als viel. / Bläst mich nicht die letzte Drommete hervor, / Ruft: *Frische Austern!* so fahr' ich empor."[318] Bernritter zeigt sich von *Kapitain Cook* beeindruckt; als der Seefahrer den Styx erreicht, toben Wogen und Sturm so fürchterlich, daß Charon die Überfahrt verweigern möchte. "Cook aber eilt' und rief: Fahr zu, Herr Bruder! / Denn kommt Gefahr; so nehm ich selbst das Ruder."[319] Der Kapitän muß Held sein, damit sein unterirdischer Kollege in einer komischen Situation vorgeführt werden kann. Und umgekehrt.

Sonst ist die bürgerliche Gesellschaft, erkennen einzelne wie J. C. Tutenberg bereits vor deren Blüte, ein geistiges Tierreich, in dem einer den anderen hintergeht und in der nur der größte Betrüger überlebt. *Jeder findet seinen Meister.* Kleant hat sich groß gelogen und hätte selbst den Tod betrogen, jedoch ist sein Arzt Rotill ein noch größerer Lügner und versteht die "Kunst, auch selbst Kleanten zu betrügen."[320] Gute Ärzte machen den Tod besorgt, selbst zu sterben; er ist froh, einmal doch rechtzeitig vor dem kundigen Mediziner einzutreffen, sonst wäre ihm erneut ein Patient genommen worden; und der verstorbene Pfarrer hätte, wäre der Tod nicht zu ihm gekommen, alle seine Mitbürger begraben.[321]

---

[316]VMA 1780, S. 205

[317]StMA 1785, S. 96

[318]W 1826 S. 115

[319]StMA 1784, S. 15

[320]GMA 1788, S. 62

[321]Ws., *Als ein großer Arzt starb* [GMA 1777, S. 26]; Haug, *Als Leibarzt Firmo starb* [W 1826, S. 180]; Kästner, *Spott des Todes über den Herrn Hofrath Baldinger den 1. März 1784* [GMA 1785, S. 108]; X., *Auf den Tod unsers Pfarrers* [VMA 1783, S. 40]

Haarstilisten

"Mein Seel! die Zeiten werden täglich schlimmer! / Beinbrüche wie vor dem gerathen nimmer; / Sogar die Heringe macht man seit ein paar Jahren / Viel kleiner, als sie sonst zu kaufen waren." (Bernritter, Klagen eines Dorfbarbiers über schlechte Zeiten)

Kaum ein Beruf bleibt von den Scherzgedichten und epideiktischen Grabschriften der Almanache ungeschoren und unbelästert; gegenüber den Haarstilisten im weiteren Verstande aber verhalten sich diese Textsorten fast ausschließlich panegyrisch. Allerdings arbeiten einzelne Barbiere reichlich langsam. "Mein Herr Barbier hat eigne Gaben: / Er thut so gravitätisch langsam schaben, / Daß, während er zur Linken ist, / Der Bart zur Rechten wieder sprießt."[322] Völlig aus der Luft gegriffen ist der Vorwurf des Epigramms nicht. Es gestaltet die Zustände im Spanischen, vielleicht auch in anderen europäischen Regionen, vor zweihundert Jahren. Der *Schwäbische Merkur* berichtet am 13. Februar 1786 über die *Spanische Langsamkeit*: "Vor das Königl. Gericht ist zu Anfang des Januars die Klage eines Barbiers gegen einen Franzosen gebracht worden, der, nachdem ihm der Bart weggepuzt worden ware, den Barbiers Gesellen erbärmlich durchprügelte, weil er ihn um die liebe schöne Zeit gebracht hatte. Der Franzose ist, weil er sich wider die landessittliche Spanische Trägheit so gröblich versündiget hatte, zu einer Strafe von 40 Reales di Plata verurtheilt worden." Andererseits freilich erregt hastiges Rasieren Unmut und ist gefährlich. *Hg.* überliefert eine diesbezügliche *Anekdote*: "Barbier. Sie fuhren ja so hastig auf, / Als ob ich Sie geschnitten hätte. / S. Er hat auch — / Barbier. — Nein, ich schwöre drauf. / S. So blutet meine Serviette!"[323] So hat der Barbier es schwer und kann es kaum allen recht machen. Einer wenigstens ist mit Gott, der Welt und der dort waltenden Teleologie rundherum zufrieden. "Daß Evens Töchtern das Geschick / Den Bart versagte, welch ein Glück! / Das wären mir die rechten Kunden! / Ihr Plappermäulchen ruht nicht einen Augenblick: / Drum wär's ein Hexenmeisterstück, / Sie zu barbieren ohne Wunden."[324]

Overbecks *Grabschrift eines Barbiers. Nach Martial* macht uns mit dem "Scheerer Almaranth" bekannt. Seine berufliche Befähigung initiiert eine Variation über die antike Formel, daß die Erde leicht auf dem Bestatteten ruhen möge: "Die Erde sei, wie seine Hand: / Denn leichter kann nichts sein."[325] Eine historische Person, über die sich nur Gutes sagen läßt und die, zu Unrecht und den Zeitgenossen unvorstellbar, vergessen ist, war Schneemilch. Er war, wie die Fußnote zur Überschrift *Auf Schneemilchs Tod. 1770* des 1772 im Göttinger Musenalmanach erschienenen Gedichts anmerkt, ein "unvergeßlicher Damenfriseur zu Hannover." Schneemilch "war kein Haar zu weich, zu spröde, / Kein Kopf zu dicht bepflanzt, zu öde, / Und keine Stirn zu breit, zu schmal;

[322] X., *Mein Barbier* [VMA 1778, S. 188]
[323] TBV 1800, S. 276
[324] Langbein, *Einfall eines Barbiers* [TBV 1795, S. 231]
[325] VMA 1789, S. 25

/ Irrthümer der Natur verschwanden, / Und Ebenmaas und Reiz entstanden, / So bald sein Finger es befahl." Schneemilch war "Kühn im Entwurf, schnell im Vollführen", er brauchte "die Scheitel nur berühren, / Wo alles Wust und Chaos war", und in "wenig eilenden Minuten" schuf sein "Kamm ein Gallatages Haar." Jetzt, wo er tot ist, dringt gewiß wieder "Der Unsinn jeder alten Mode / Sich wieder in die Hauptstadt ein." Drastisch perhorresziert das Gedicht das nunmehro wieder an haarstilistisch Grauenhaftem zu Befürchtende. "Der andern blöde Nachahmungen — / Ach wie gekleistert, wie gezwungen / Ihr so genannter Crep sich sträubt! / Für Aug und Hand gleich Schwanenbrüsten / War Schneemilchs Crep; nicht zu verwüsten, / Und, wie ätherisch leicht bestäubt!"[326]

Authentie

"Wie izt sein Sarg, auf dieser Todtenbahr / Mit seinem Körper uns belogen: / So hat sein Körper uns fürwahr / Mit seinem Geist' im Leben schon belogen." (Göckink, Als er den leeren Parade=Sarg eines Fürsten besah)

Monumental fixierte Grabschriften sind panegyrisch, Spottinschriften reflektieren über die lobrednerische Tendenz ihrer keuschen sepulchralen Halbbrüder. Haug klagt im Epigramm *Über Grabschriften auf dem Gottesacker* die lobrednerischen Inschriftendichter an: "Die Lüge, Mensch! ist dein Vergnügen; / Du lehrst sogar die Steine lügen";[327] die *Grabschrift* im Göttinger Musenalmanach von 1777 auf einen Herrn von Grummel lobt zunächst in vier Zeilen Grummels Blut, seinen Familiensinn, seine Vaterlandsliebe und Frömmigkeit, setzt dann aber kritisch hinzu: "Zweifle nicht, daß er so dachte, / Er, der selbst die Grabschrift machte."[328]

Zu Wahrhaftigkeitserwägungen lädt die *Grabschrift eines Lügners* ein: "Glaub's, Wanderer! ich liege hier: / Die Grabschrift ist ja nicht von mir."[329] Leider ist der Text ambivalent und führt in keine logische Aporie. Handelt es sich in der Fiktion des Textes, wie die Überschrift signalisiert, nicht um den Zusatz zu einer lügnerischen Inschrift, sondern um diese selbst, und stammt lediglich die denunzierende Überschrift von fremder Hand, der Text aber vom sogenannten Lügner selbst, dann bittet dieser in erbarmenswürdiger Manier als einer, der um seinen schlechten moralischen Ruf weiß, darum, dies eine entscheidende Mal ihm doch zu glauben. Verzweifelt ruft er dazu auf, unser Mitleid ist ihm gewiß. Er bekennt sich zu seiner stadtbekannten Vertrauensunwürdigkeit und gesteht alles ein, um das Herz des Lesers zu gewinnen. Er muß auf einen anderen verweisen, sich auf einen Gediegeneren berufen.

Stammt auch die Überschrift vom Opfer selbst, dann wollte es, am klassischen kretischen Lügner orientiert, den verständnisvollen Leser auf Irrwege verlocken, indem

[326] S. 56-61
[327] W 1807 Bd I, S. 126
[328] S. 80
[329] StMA 1785, S. 74

es nicht eindeutig formulierte. War es ein Gewohnheits- oder ein Gelegenheitslügner?

Nehmen wir an, das Opfer log habituell und immer. Läge es dann wirklich da, hätte es damit einmal nicht gelogen. Damit wäre es kein Lügner. Und es hätte in der Überschrift, in der es sich einen Lügner nennt, gelogen. Das Opfer wäre Lügner und Nichtlügner zugleich. Läge es nicht da, hätte es im Inschriftentext gelogen, die Überschrift sagte damit die Wahrheit. Das Opfer hätte einmal doch die Wahrheit gesagt, indem es sich einen Lügner nannte. Wiederum wäre es Lügner und Nichtlügner zugleich. In beiden Fällen, ob es nun daliegt oder nicht, tritt der Widerspruch auf. Das Opfer sagt manchmal die Wahrheit und lügt manchmal. Es ist Gelegenheitslügner. Damit ist es logisch uninteressant. Seine Inschrift ist ambig und unklar, nicht aber aporetisch.

Stammen Überschrift und Text aber von einem anderen, der dem sogenannten Lügner diese Worte in den Mund legt, dann hat man sich über ihn lustig gemacht und er ist das Objekt des Spottes seiner Gegner.

Von einem, der, womöglich im Zuge einer verfehlten Kant–Auslegung, "Lügen sich zur Pflicht einst machte", weiß das Epigramm *Auf einen Lügner.* Bei ihm ist die "Sache ganz klar", er "lieget hier" und ist "ganz sicher todt"; doch "könnte er noch sprechen: Glaubet mir! / Er spräche dreist zu euch: — Es ist nicht wahr!"[330] Verwirrungen sind unmöglich, weil über ihn, den Lügner, geurteilt wird.

Rücksichten

"Von Jedem, der euch widerspricht, / Sagt ihr verachtungsvoll: Der Mann versteht uns nicht; / Könnt ihr nun nicht verständlich schreiben, / So mögt ihr ungelesen bleiben." (Kästner, Die Unwiderleglichen)

Stellen wir uns einen Friedhof vor, dessen Inschriften die scherzhaften epideiktischen Grabschriften der Almanache zitierten, müßte man die Frage nach einem möglichen Stifter der dergestalt imprägnierten Grabmäler außer acht lassen. Verwandte und Freunde kämen als Auftraggeber nicht in Frage. In der antizipierten monumentalen Ausstellung ergriffen die Feinde der Verstorbenen das Wort.

Haug könnte Hauptbeiträger sein. Rücksichten der Sepulchralkultur fielen weg. Die Spottinschriften der Almanache, die sich zumeist mit Typen, Berufen, Lastern, nicht aber mit Individuen befassen und amüsant, nicht aber bösartig sind, würden in der neuen Verwendung, in der sie sich, in den Stein gehauen, auf einzelne Persönlichkeiten bezögen, gehässig und denunzierend.

F. W. A. Schmidt scheint sich über einen, dem Lessing und Mendelssohn Spötter und mehr nicht waren, geärgert zu haben; er läßt *Melchior* die beiden ins Jenseits verfolgen, um ihnen dort zu steuern. "Wie? Moses Mendelssohn ist todt? / Bei seinem Lessing? Welche Noth! / Vernunftbeweis' und Spöttereien heben / Gewiß nun wieder an in jenem Leben! / Da muß ich hin, und steuern! sprach / Herr Melchior,

[330] Haßler 1816, S. 11

und schlich dem Juden nach."[331] Ginge es in dem mißglückten, weil völlig unklaren Epigramm Melchior gerade nicht ums Steuern, müßte man meinen, der Autor verspotte einen unselbständigen beflissenen Anhänger der beiden von ihm selbst verachteten Schriftsteller.

Andere Epigrammatiker kürzen, wenn sie historische Personen erwähnen oder anreden, deren Namen taktvoll ab. Gleim verfaßte eine *Grabschrift auf eine noch Lebende.* Diese macht ihm, d. i. dem lyrischen Ich, wie es scheint, Kummer, so wie einst Fanny dem Dichter K**. Gleim will seiner Spröden mit der Grabschrift eine Lehre erteilen und ein weniger abweisendes Verhalten nahelegen. So spricht die Inschrift von einer Toten und richtet sich an eine Lebende, die es besser machen soll als Fanny. "Die Fanny, welche K** liebte, / Schläft hier so sanft, so sanft! Laß, Wandrer, laß sie ruhn! / Sie, die den guten Mann bis in den Tod betrübte, / Wills nimmer wieder thun."[332] Die dem Dichter Trübsal Bereitende soll sich ändern; angesprochen wird der Wanderer, dessen Teilnahme vorausgesetzt wird.

Haug wendet sich 1805 *An H.* Er fordert den Dichter auf, solange zu schweigen, wie er unverständlich sei. Es war der letzte Termin, zu dem man Hölderlin noch das Schweigen nahelegen konnte. "Willst du von deinem Flug' in nie erflog'ne Höh'n, / Von deinem Griechengeist uns überzeugen, / So mache Deutlichkeit dir eigen! / Und sollen wir dich nicht versteh'n, / Wer hindert dich, zu schweigen?"[333] Zwei Jahre später besucht Haug den nunmehr Schweigenden; 1821 beteiligt er sich an der Vorbereitung einer geplanten Gedichtausgabe, die fünf Jahre später erscheint.

Satirische Sepulchralkultur

Auf einem um die Aufgaben der Sepulchralkultur unbekümmerten Friedhof fänden sich auf dem Grabmal eines verachteten Autors die Verse *Auf den Tod eines elenden Büchermachers*: "Herr [...] ist todt. Er legt die Feder nieder, / Die manches Buch Papier verdarb; / Und die Vernunft erwacht zum Leben wieder, / Die unter seinen Händen starb."[334] Womöglich wäre auch J. Joschs *Grabschrift eines Stuzers* von einem, der es seinem toten Feind heimzahlen wollte, ehrabschneidend aufgegriffen worden: "Wer hier liegt, was er gewesen, / Wird man riechen eh', als lesen."[335] In der konkreten Anwendung vermögen die Spottinschriften, denen in den Almanachen kein bestimmter Adressat zugeordnet ist, durchaus zu beleidigen. Die Gräber der hohen Beamten und Militärs, der Kirchendiener und Handelsmänner, der Advokaten, Ärzte, Trinker, Witwen und Opfer objektiv menschenvernichtender ehelicher Strukturen müßten nicht ohne berufs- und standesbezogen schmähende Inschriften bleiben.

Die *Grabschrift eines Trinkers* läßt unerhellt, warum sich denn gerade im Grabe für das Opfer alles ändern soll: "So schluckt kein dürres Land voll Gier den Regen ein,

[331] VMA 1788, S. 52
[332] VMA 1789, S. 183
[333] W 1805 Bd I, S. 87
[334] GMA 1783, S. 174
[335] WMA 1782, S. 71

/ Als [...], der hier liegt, in seinem Leben Wein: / Er wollte, daß man ihn ein wenig tief begrabe, / Damit er wenigstens im Grabe Wasser habe."[336] Mit dem herben Los plötzlich alleinstehender Frauenzimmer befaßt sich das Gedicht *Die trauernde Witwe*: "Der Mann ist todt; [...] weint, / Und klagt, und hört nicht auf zu klagen. / Warum? Sie war ihm doch so feind! / 'Ei nun! sie kann ihn nicht mehr plagen!'" Dem für beide Teile letalen Finale einer Ehe widmet sich Weisser in seinem in tiefster Anlage dialektischen Sterbebericht *Tod eines Ehepaars*: "[...], krank und nah' am Scheiden, / Ward schnell gesund. Als diß ihr Mann vernahm, / Da tödtet plözlich ihn der Gram; / Sie hört die Post — und stirbt vor Freuden."[337] F. L. Gr. zu Stolberg dichtete mit der *Grabschrift zweier Liebenden* das affirmative Gegenstück: "Dieser brach die Liebe das Herz, und diesem die Sehnsucht / Nach der Todten: im Tod nannt' er mit Namen sie noch. / Freunde gesellten den Staub zum Staube seiner Geliebten; / Beide liebten sich dort, wo die Liebe nicht weint."[338] Statt dem Wunsch des überlebenden Ehegatten, bald der verstorbenen Frau nachzufolgen, schmückten die Abschilderungen innerehelicher Problemata verschiedenster Art die Grabsteine; Inschriften, die die Toten seines sanften Schlafes wegen glücklich preisen, wären ersetzt durch andere, die ihnen nachsagten, sie hätten schon zu Lebzeiten nichts anderes getan als zu schlafen.

Spottinschriften finden sich häufig, manchmal als Nachdichtung eines Epigramms der *Griechischen Anthologie*, in den Almanachen des Göttinger Hains, in Stäudlins *Schwäbischer Blumenlese* und im Wiener Musenalmanach, selten aber im Musenalmanach Schillers, der dafür 1797 die satirischen *Xenien* enthält. Bildstöcke des Alpenraums tragen komische Inschriften, die klassizistischen Friedhöfe aber sind humorlos, nicht witzig, und frei von beabsichtigter und unbeabsichtigter Komik.

Bücherei und Friedhof

"Bibliothek, *ist eine Art von Tapeten." (Rabener, Realregister)*

Auf dem Friedhof in Rommelshausen bei Waiblingen heißt es heute: "SUCHET MICH / NICHT HIER / SUCHT MICH / IN EUREM HERZEN." (†1980) Zwei Inschriften des Friedhofs machen auf den ethischen Wert des Friedhofsbesuchs aufmerksam: "Und nicht allein / des Todes Frie=/de steht auf den Blumenhügeln / geschrieben + / sondern auch / des Lebens + / Wert", "Niemand geht / unbelohnt über / Friedhofserde, / diese Schollen / kühlen die * / Leidenschaften / und erwärmen / die Herzen *" (†1978 und †1986). Das Wandeln unter den Gräbern lehrt das zeitlich eng begrenzte Leben zu schätzen; die Blumen auf den Gräbern signalisieren, daß das Leben der hier Bestatteten auch anderen, die nun ihrer gedenken, bedeutend war. Merkwürdig unterscheidet die zweite Inschrift; sie legt nahe, der Ort der Leidenschaften sei nicht

---

[336] VMA 1791, S. 57
[337] GMA 1793, S. 102; StMA 1785, S. 15
[338] VMA 1783, S. 52

das Herz. Das Abkühlen der hier ausschließlich negativ gewerteten Leidenschaften ermöglicht erst, daß das Herz sich für andere, wertvollere Strebungen erwärmen kann, welche unter dem Tosen der Affekte nicht zum Zuge kommen. Der Friedhofsbesuch gewährt Einblicke in den Wert des Lebens, ihm eignet eine ethische Dimension; er bewirkt auf anthropologischer Ebene, in der Gemütsapparatur, ein Überwiegen der edleren Neigungen über die niederen. Margarete Klinckerfuß erinnert sich in ihrem Buch *Aufklänge aus versunkener Zeit* an eine Begegnung mit Hugo Wolf auf dem Stuttgarter Hoppenlau-Friedhof, dessen Ruhe zu vertraulichen Eröffnungen einlud. Ihre erste Liebe, ein Afrikaforscher, ist gestorben; Hugo Wolf ist bitter enttäuscht worden. 1896 vertrauten sich beide auf dem Friedhof ihr "Herzeleid" an. Hugo Wolf sprach von einer Shakespeare-Stelle, die "offenbare, wie gerade ein tief verwundetes Herz für neue Eindrücke doppelt empfänglich sei." Dabei schaute er ihr "still in die Augen, fast flehentlich."[339]

Bibliotheken und Sammlungen gewähren eine Fortdauer jenseits vom Friedhof. Gleim dichtet *Auf Hektors Grab*: "Den Hektor findest du *hier* nicht, o Wandrer! / Er schmauset im Olymp, und lebet im Homer."[340] Es kann auch die Briefsammlung sein, in der der Verstorbene wenn nicht aufersteht, so doch zugänglich begraben ist. Beim Tode seines Katers verschickte E. T. A. Hoffmann eine Karte, die mitteilt, daß Murr "nach kurzem, aber schweren Leiden zu einem besseren Dasein" verstorben ist. Offenbar glaubt Hitzig Trost spenden zu können, indem er dem Freund versichert, die Karte mit der Anzeige werde von ihm aufbewahrt werden.[341] Goethes Mitarbeiter Riemer hat, etwas holprig, eine tief in ihrem Wesen begründete Verwandtschaft von *Kirchhof und Bibliothek* bedichtet und im Sterbejahr Goethes veröffentlicht. "Vom Friedhof ist ein Buchsaal nicht verschieden: / So nah steht todt, was lebend sich gemieden! / Zwar dauert still fort ein vollkommnes / Bellum omnium adversus omnes; / Doch herrscht beym inn'ren Streit der äußre Frieden."[342] Beide Orte einer eingeschränkten Geselligkeit archivieren; der Friedhof versammelt Körper, von denen sich das Prinzip des Lebens, die Seele, getrennt hat, der Buchsaal gerade solche, deren Wirken in ihm erst beginnt. Beide Orte liegen in stiller Größe da.

Wie die Oberfläche des Meeres ruhig Himmel und Berge widerspiegelt, während es in der Tiefe toben mag, und wie *Laokoons* Antlitz die Schmerzen bezwingt, sind die Bestände der Bibliothek und des Kirchhofs zwar aus Objekten zusammengesetzt, die, ihre Individualität wahrend, noch im katalogisierten und erfaßten Zustand untereinander verfeindet sind, nachdem die Verfasser zu Lebzeiten einander befehdeten und die Entschlafenen früher einmal einander Wölfe waren; doch sind sie stillgestellt in Regal und Sarg und es herrscht außen, im Lesesaal der Bibliothek und auf den Parkbänken des Friedhofs, *Ruhe*.

---

[339] Urach 1947, S. 106 f.

[340] *J. W. L. Gleim's Sämmtliche Werke*, a. a. O., Bd V, S. 49

[341] Julius Eduard Hitzig, *E. T. A. Hoffmanns Leben und Nachlaß*, Frankfurt 1986, S. 338 ff.

[342] WeMA 1832, S. 231

Epideiktische Grabschriften

Die hier versammelten Texte sind Musenalmanachen und Inschriftensammlungen der Zeit um 1800 entnommen. Einige der Epigramme sind nicht ausdrücklich als Grabschrift bezeichnet. Die den Almanachen entnommenen Grabschriften stehen, wie oben gezeigt wurde, in engem Kontext mit den anderen Scherzgedichten der Almanache. Die den Inschriftensammlungen entnommenen Grabschriften sind zum Teil von denen der Almanache angeregt, sie waren niemals monumental fixiert und immer rein literarisch.

Advokaten

Hensler d. J., *Auf einen Advokaten*
"Traut Klops, dem Advocaten, nicht,
Es trügt sein ehrliches Gesicht;
Er hilft den Reichen, drückt die Armen,
Und lügt, wie alle Welt bekennt,
Weit ärger als ein Compliment,
Und dreuster als ein Leichen=Carmen."
(GMA 1776, S. 34)

Weisser, *Auf den Leichenstein eines Advokaten*
"Der gute Mann! Er ist verschieden
Und was sehr schwer ihm fiel — in Frieden."
(StMA 1782, S. 189)

X., *Grabschrift*
"Gott thut noch Wunder dann und wann!
Hier ruht ein Advokat, und sehr rechtschaffner Mann."
(VMA 1782, S. 140)

Haug, *Advokat Zank*
"Theologen! von euch liebt er keinen,
Alle haßt er gleich;
Denn ihr segnet die Gemeinen:
Friede sey mit euch!"
(StMA 1786, S. 71)

Auf einen gewißenhaften Advokaten
"Hier ruht ein seltner Advokat,
Der Unrecht nie vertheidigt hat,
Und Eintracht Jedermann empfahl;
Er starb ... im Hospital."
(Haßler 1819, S. 1)

Ärzte

Auf den Arzt Scotus
"Scotus ist ein guter Arzt: wer sich sehnt hinauf zu ziehn,
Und den Plagen dieser Welt, los zu sein, der rufet ihn!"
(VMA 1787, S. 126)

J. Periner, *Grabschrift eines schlechten Arztes*
"Mit seiner Seligkeit steht es wahrhaftig schlimm:
Man sah die ganze Zeit kein gutes Werk von ihm."
(WMA 1788, S. 42)

Haug, *Das Grab*
"Das Grab ist eine Brück' ins beßre Leben.
Den Brückenzoll müßt ihr dem Arzte geben."
(GMA 1791, S. 41)

Hensler, *Der ächte Arzt*
"Vom Tode, seinem guten Freund,
Mit dem er's doch so treu gemeynt,
Läßt Recipe sich endlich auch ereilen;
Und kinderlos geht er aus dieser Welt,
Weil er für einen Arzt es gar nicht schicklich hält,
Das Leben jemand mitzutheilen."
(GMA 1773, S. 118)

Ws., *Als ein großer Arzt starb*
"Zeit war es, Tod, daß er bezahlt der Sünden=Sold;
Denn hättest du nicht ihn, so hätt' er dich geholt."
(GMA 1777, S. 26)

Haug, *Als Murner starb*
"Arzt Murner auf der Baare! —
Frohlocket, ihr Notare!
Er ließ den Patienten
Nie Zeit zu Testamenten."
(GMA 1792, S. 77)

Haug, *Zusatz zu dem Epitaph eines Arztes*
"Er lebte karg, und war darneben
Verschwenderisch — mit andrer Leben."
(Haug W 1805 Bd I, S. 277)

Haug, *Burros Grabschrift*
"Hier liegt ein Arzt, o Wandrer!
Der Gutes stiftete
Und sich vergiftete,
Statt and'rer."
(Haug W 1807 Bd I, S. 45)

Haug, *Burro*
"Arzt Burro hat in seinem Leben
So manchen früh ins Grab gestreckt;
Die Missethat ist nicht vergeben,
Jedoch die Sünde zugedeckt."
(Haug W 1807 Bd I, S. 89)

Als Leibarzt Firmo starb
"Gerettet hast Du Tausend schon und mich.
Dein Lehrling will sich Deine Kunst erwerben.
Urplötzlich raubt der Würger Dich:
Der Tod besorgte, selbst zu sterben."
(Haug W 1826, S. 180)

Arme

Grabschrift eines Armen, aus dem Pope
"Der schlechte Stein kann, was nur selten Marmor kann,
Mit Wahrheit sagen: 'Es liegt hier ein braver Mann.'"
(AdtM 1770, S. 277)

Bäcker

Auf einen betrügerischen Bäcker
"Ihr Wandrer! nehmt hier wohl in Acht!
Was für ein kleines Haus izt Kaspar Bäck bewacht,
Dem sonst das kleine Brod, das er gemacht,
Das größte Haus im Ort zuweg gebracht."
(Haßler 1819, S. 75)

Barbiere

Overbeck, *Grabschrift eines Barbiers. Nach Martial*
"Der größte Scheerer Almaranth
Liegt unter diesem Stein.
Die Erde sei, wie seine Hand:
Denn leichter kann nichts sein."
(VMA 1789, S. 25)

Barone

Haug, *Anticipirte Grabschrift*
"Hier liegt Baron von Utinam,
Der nur als Täufling, Bräutigam
Und todt in diese Kirche kam."
(Haug W 1840, S. 35)

Beamte

Weisser, *Grabschrift eines gewissen Beamten*
"Hier liegt der Amtmann Raps begraben!
Er stahl! — diß war sein Lebenslauf,
Und selbst im Tod hört er nicht auf:
Denn da bestiehlt er noch — die Raben."
(StMA 1784, S. 200)

Nach Belieben verwendbare Grabschriften

v. Döring, *Auf einen Leichenstein. An den Wanderer*
"Du liesest hier, wer ich gewesen.
O mögt' ich doch von dir dieß lesen!"
(VMA 1780, S. 138)

Voß, *Nearchs Grabschrift. Aus dem Griechischen*
"Sanft bedecke der Staub die Gebeine, welche hier ruhen.
Desto leichter, Nearch, wühlen die Hunde dich aus."
(VMA 1783, S. 24. Vgl. AG Buch XI, Nr. 226)

Ung., *Grabschrift. Ein Einfall des Ammian*
"Sanft ruh' auf ihm der Staub und leicht sey seine Erde!
Daß es den Hunden leicht ihn auszuscharren werde."
(GMA 1788, S. 69. Vgl. AG Buch XI, Nr. 226)

Hinze, *Grabschrift*
"Freuden wollt' ich schöpfen. Ich suchte die Quelle der Freuden;
Suchte begierig, und fand — hier dieses schaurige Grab."
(GMA 1789, S. 56)

v. Nicolay, *Grabschrift*
"Auf kurze Zeit war dieser Hügel mein,
Auf lange Zeit bin ich nun sein."
(VMA 1795, S. 91)

Betrüger

Grabschrift, von Willamo
"Gargill ruht hier. Ließ sich der Tod betrügen,
Er würde warlich hier nicht liegen."
(AdtM 1779, S. 235)

Bibliothekare

Göckingh, *Auf einen unwissenden Bibliothekar*
"Man geb ihm Landeskassen, dafür ist er der Mann!
Was man ihm anvertraut, rührt er gewiß nicht an!"
(AdtM 1774, S. 87)

Biedermänner

S., *Grabschrift*
"Kein Heuchler bete hier einschläfernde Gebete;
Kein Höfling schwäze Lob, und mische Gift daran!
Denn heilig ist die Stäte:
Hier ruht ein Biedermann!"
(VMA 1788, S. 153)

Botaniker

Grabschrift eines Botanikers
"Von neuen Pflanzen um und um
Ist keine mehr zu spähn.
Herbarium! mein Glück und Ruhm!
Dich muß ich voller sehn.
Drum laßt mich im Elysium
Botanisiren gehn."
(Haßler 1819, S. 12)

Brünetten

Beyer, *Auf den Tod der Frau Kt. R. G. in St.*
"Seht die artigste Brünette
Liegt dort im Paradebette,
Und gefällt noch todt."
(AdtM 1777, S. 248)

Buhlerinnen

J. G. M., *Auf den Tod einer Bulerinn*
"Sie heißen Legio, die sich seit zwanzig Jahren
In Messalinens Arm gewiegt.
Jetzt stirbt sie bloß um zu erfahren
Wie sichs in Satans Armen liegt."
(GMA 1785, S. 102)

Depperln

vh., *Grabschrift*
"Hier ruht Simplicius, der zwar sein Leben,
Allein von Geist nichts aufgegeben."
(GMA 1781, S. 12)

Dichter

**, *Bei Trillers Tode*
"Klagt bloß, ihr, die ihr Trillers Ruhm erhebt,
Den Arzt, den Kritiker, den wir verloren haben;
Als Dichter, hat er nie gelebt,
Als Reimer, war er längst begraben."
(GMA 1783, S. 118)

Haug, *Pompus Grabschrift*
"'Hier liegt der größte Dichter von den Neuern,
Der Lorbern und Unsterblichkeit erwarb!' —
Der Nachwelt Ungerechtigkeit zu steuern,
Ersann ich diese Grabschrift, eh' ich starb."
(TBV 1814, S. 133)

Auf Ventosus von Haug
"Er machte Schulden und Gedichte;
Doch jene nur sind von Gewichte."
(Haßler 1816, S. 17)

Dicke

C. G. Zimmermann, *Grabschrift auf einen, der den größten Theil seines Lebens auf dem Ruhebette zugebracht hatte*
"Der dicke Sanssouci liegt hier, und hat es gut;
Was er lebendig that, thut er auch todt: er ruht."
(GMA 1784, S. 141)

Diebe

Haug, *Grabschrift unterm Galgen. Nach Scarron*
"Hier liegt Capriccio,
Der gern incognito,
Durch fremde Länder schweifte,
Nach allen *Waaren streifte,*
Und die *Verkäufer floh.*"
(TBV 1796, S. 254)

Ehefrauen

J. F. R., *Grabschrift. Nach dem Englischen*
"Hier liegt mein Weib im Arm des Todes. Laßt sie liegen!
Solch eine Hahnreyschaft ertrag' ich mit Vergnügen."
(WMA 1789, S. 25)

Haug, *Grabschrift*
"Lies, Wand'rer, eines Eh'manns Schmerzen!
Schön war mein Weib, und jung; o blicke her!
Jetzt liegt ein Stein auf ihrem Herzen —
Auf meinem keiner mehr!"
(Haug W 1807 I, S. 117)

Auf einen Wittwer, von Göcking
"Hier ruht mein selig Eheweib,
In dieses Grabes Höhle;
Zuweilen waren wir ein Leib,
Doch niemals eine Seele."
(Haßler 1819, S. 72)

Ehemänner

Meißner, *Grabschrift eines Ehemannes*
"Hier liegt Erast, von Schwermut, Krankheitspein,
Und allen Uebeln frei, die ihn gefoltert haben;
Doch daß er nicht so ganz mögt ohne Prüfung seyn,
So hat man neben ihm noch seine Frau begraben."
(GMA 1780, S. 154)

Haug, *Ausruf eines Ehemanns*
"Heil, wer die Grabschrift sich erwarb.
Er lebte, nahm kein Weib und starb."
(Haug W 1807 Bd I, S. 234)

Ehepaare

Wh., *Grabschrift*
"Hierher begrub man meine Frau und mich.
Für andre Männer war sie, für andre Weiber ich."
(GMA 1778, S. 97)

Ehrgeizige

F. F. von Meyer, *Grabschrift*
"Die Stätte siehst Du hier, wo Zadocks Reste ruhn,
Vor Ehrgeiz konnt er nichts zu seiner Ehre thun."
(Poesien MA 1809, S. 108)

Eigennützige

Auf einen Eigennützigen
"Hier liegt Sylvius, der nichts umsonst gethan;
Es schmerzt ihn, daß man dies umsonst hier lesen kann."
(Haßler 1819, S. 21)

Eitle

Grabschrift
"Finette ruhet hier. Wie ungern starb sie nicht!
Warum? Der Tod entstellt ein schön Gesicht."
(AdtM 1779, S. 206)

Faule

Haug, *Pigers Grabschrift*
"Ich bin Gottlob! hier in der Erde Schooß
Des dummen Athemhohlens los."
(GMA 1791, S. 128)

Fridrich, *Auf einen Faulen*
"Als ihn sein Gott in's träge Daseyn rief,
Gähnt' er die Schöpfung an und schlief."
(GMA 1797, S. 86)

Auf einen Faulenzer
"Hier ruht Herr von der Klee,
Wie geruht im Leben;
Nur hat man statt des Kanapee
Ihm einen Sarg gegeben."
(Haßler 1819, S. 23)

Haug, *Pigers Grabschrift*
"Er saß, er lag, er fuhr, höchst selten stand er auf.
Er hatte keinen Lebens*lauf*."
(Haug W 1840, S. 218)

Feinschmecker

-g., *Auf den Tod des Apicius*
"Ein Meister in der Kunst zu kauen,
Apicius beschloß heut seinen Lebenslauf,
Das heißt: er hörte plötzlich auf:
Kapaune, Wildpret, Lachs, und Schinken zu verdauen."
(AdtM 1775, S. 128)

Ch. L. Noak, *Grabschrift*
"Hier ruht der dicke Kleanth! Pastetenbäcker und Köche
Klaget und weinet um ihn! Er war ein Mann von Geschmack."
(GMA 1788, S. 185)

Haug, *Averils Grabschrift*
"Ich irischer Bischof Averil,
Leert' Austernfässer o mehr als viel.
Bläst mich nicht die letzte Drommete hervor,
Ruft: *Frische Austern!* so fahr' ich empor."
(Haug W 1826, S. 115)

Häßliche Fräulein

E-ff, *Auf ein verstorbenes häßliches Fräulein*
"Wirst du einstens auferstehn, um auf ewig mir zu leben,
So sey ja nicht noch einmal mit derselben Haut umgeben."
(GMA 1786, S. 238)

Frauen

v. D=g., *Elmire*
"Ihr schöner Leib wird einst verwesen,
Unsterblich wird die dumme Seele seyn. —
O, möcht' ihr Leib unsterblich seyn,
Die Seele möchte gern verwesen!"
(GMA 1773, S. 42)

Sp., *Auf eine Frau, die drei Männer hatte*
"Drei Männer zwang ein Weib ins Ehejoch;
Zwei starben, einer lebt nur noch.
Wodurch entfloh er denn dem Schiksal jener beiden?
Er ließ sich von ihr scheiden."
(VMA 1786, S. 9)

J. C. Tutenberg, *Fragment aus dem letzten Willen einer sterbenden Phryne*
"... und bin ich todt: so soll — der Auferstehung wegen —
Man mir sogleich noch frisches Roth auflegen ..."
(GMA 1788, S. 67)

Auf eine sanftmütige Frau
"Hier liegt ein frommes Weib, das niemals laut geschmählet,
Nie ihren Mann durch Widerspruch gequälet,
Noch, was man ihr vertraut, den Nachbarn gleich erzählet —
Du wunderst dich darob — Warum?
Sie war ja taub und stumm."
(Haßler 1819, S. 18)

Träge Freigeister

I., *Auf einen trägen Freigeist*
"Warum so rasch der träge Witt
Die Auferstehung jüngst bestritt?
Ruhn ist sein einziges Vergnügen:
Drum will er ewig liegen."
(VMA 1791, S. 182)

Fresser

E., *Grabschrift*
"Hier ruht Lupin, und hört zu essen auf,
Nach sechzig Jahren Essenslauf,
Ließ er sich diese Ruhstatt bauen,
Die lange Mahlzeit zu verdauen."
(GMA 1775, S. 78)

X., *Auf einen Fresser*
"Wenn ihr den Dicken begrabt, ihr Totengräber, so legt ihm
Einen Rasen vors Maul; oder er schmauset sich selbst."
(VMA 1789, S. 43)

Friedensrichter

Auf den Friedensrichter Matz
"Hier schläft Friedensrichter Matz.
Er verglich weder Hund noch Katz."
(Haßler 1816, S. 8)

Fürsten

v. St., *Grabschrift*
"Hier unter diesem Marmorstein
Liegt, Fürst – – (sezt ihr den Namen selbst hinein!)
An welchem Tänzer, Kastraten, Mätressen ,
Sich dreißig Jahre wacker zerfressen.
Sie hätten ihn traun! rein aufgezehrt,
Hätt's nicht der Tod noch bei Zeiten verwehrt.
Allein der sprach: 'Ihr Lumpengesindel, hört!
Ein jedes Insekt hier sein Futter begehrt!'
Und trug darauf den Rest seiner fürstlichen Gnaden,
Hieher für die Maden."
(VMA 1780, S. 212)

Garnisonsprediger

X., *Grabschrift*
"Ehren Sommer
War ein frommer
Garnisonsprediger;
Hier liegt er!"
(VMA 1783, S. 44)

Gehenkte

Hensler, *Grabschrift*
"Hier lieget Dorilas. Das Glück war Schuld daran,
Daß man nicht statt: hier liegt; hier hänget: schreiben kann."
(GMA 1772, S. 70)

Blumauer, *Grabschrift eines Spaniers auf seinen gehenkten Vetter*
"Mein Vetter Xott schloß hier die Augen zu.
O Wanderer, sieh in die Höhe;
Und wünschest du dem armen Sünder Ruh,
So wünsche, daß der Wind nicht wehe."
(VMA 1784, S. 191)

B. J. Keller, *Grabschrift eines Gehenkten*
"Die Parze spann für diesen Mann zu fein;
Drum tauscht er einen Strick sich für den Faden ein."
(WMA 1791, S. 118)

Haug, *Veit*
"Nicht immer scheut
Ein Bösewicht
Das Tageslicht,
Dort hängt ja Veit."
(Haug W 1807 Bd I, S. 179)

Haug, *Inschrift unter'm Rabenstein*
"Seyd klug! Bleibt stille liegen allesamt!
Denn wenn ihr aufersteht, seyd ihr verdammt!"
(Haug W 1840, S. 211)

Geistliche

M., *Auf den Tod eines gefürchteten Geistlichen*
"Daß weiß ich, Diophant zu dem in seinem Leben
Wohl niemand ohne Zittern kam,
Hat seinen Geist dem Schöpfer wieder gegeben;
Doch weiß ich nicht, ob ihn der Schöpfer wieder nahm."
(GMA 1784, S. 158)

Geizige

Hensler d. J., *Grabschrift eines Geizigen*
"Hinz war mit Recht, schon eh' er starb, vergessen;
Er lebte nur für seinen Schatz und sich;
Und daß sein Ende ja dem ganzen Leben glich,
Gab er im Traum einmal ein prächtig Abendessen,
Und beim Erwachen hieng er sich."
(GMA 1776, S. 45)

Hensler d. J., *Grabschrift eines Geizigen*
"Hier ruht ein Mann, der wohl zu nehmen wußte,
Doch wiedergeben konnt' er nicht.
Man gab ihm ein Klystier, woran er sterben mußte;
Denn wiedergeben konnt' er nicht."
(VMA 1778, S. 114)

X., *Auf einen Geizigen. Aus der griechischen Anthologie*
"Reichthum hast du des Reichen, doch ganz die Seele des Armen,
Du den Erben allein Reicher, und Armer dir selbst."
(VMA 1792, S. 34. Vgl. AG Buch XI, Nr. 294)

Haug, *Avars Grabschrift*
"Er häufte Gold auf Gold, und dachte
Wie er den Haufen größer machte,
Bis er's zu diesem Hügel brachte."
(TBV 1809, S. 72)

Auf einen Harpagon, welcher in Berlin lebte, hartes Brod verkaufte, im J. 1812 starb, 1500 Th. in baar und 50000 Th. in Papieren hinterließ
"Er lebte kaum, und ward begraben;
Sein erst und letztes Wort war — Haben."
(Haßler 1816, S. 8)

Auf einen Geizigen
"Mein Geld kam an den Tag,
Ich aber an die Nacht.
So wird mein Grabmal zu —
Mein Koffer aufgemacht."
(Haßler 1819, S. 29)

Auf einen Geizigen
"Der größte Geizhals seiner Zeit,
Merill, gieng in die Ewigkeit.
Doch, kostet's Geld am Himmelsthor, —
Zieht er gewieß die Erde vor."
(Haßler 1819, S. 30)

Gelehrte

Ggk., *Bey Michaelis Tode*
"Er wählte den Gelehrten=Orden,
Sein Geist nahm zu, sein Körper ward verzehrt;
O wär er doch ein Mönch geworden!
Dann lebt' er noch — denn da ists umgekehrt."
(AdtM 1776, S. 153)

Geltungssüchtige

Gleim, *Grabinschrift auf den kleinen Putz*
"In diesem Grabe liegt der kleine Putz begraben.
Er wollte groß seyn in der Welt,
Im Staate wollt' er Rang, er wollt' ein Fräulein haben,
Und hatte Beides — für sein Geld!"
(GMA 1799, S. 213)

Geographen

-tt-, *Grabschrift für einen Geographen* **
"Der Geograph, Herr ** ruhet hier.
Er hat im Leben sich dermaßen
Schon selbst gelobt, daß er uns schier
Zu seinem Lobe nichts übrig gelassen."
(VMA 1780, S. 53)

Grobiane

Garrelmann, *Grabschrift auf einen Grobian*
"Hier liegt Hans Casper Grobian,
Ein Klotz, wie's einen geben kann.
Läg' er nicht ohne Hut im Grab,
Er zög' ihn selbst vor Gott nicht ab."
(GMA 1786, S. 216)

Versoffene Hahnreie

I., *Auf einen versoffenen Hahnrei*
"Wer gleicht dem Mond so leibhaft, als Herr Werner?
Bald ist er voll, und bald bekommt er Hörner."
(VMA 1791, S. 16)

Handelsmänner

Pfeffel, *Grabschrift*
"Marull schläft unter diesem Stein,
Ein Handelsmann von schöpferischen Gaben:
Er würde, wär' er nicht schon längst gemein,
Den Bankerott erfunden haben."
(VMA 1789, S. 92)

Harlekine

Harlekins Grabschrift. Ein Impromptu von Michaelis
"Hier lieget Harlekin: doch, stünds bey Harlekinen,
Statt seiner Pierot, und er bey Columbinen."
(AdtM 1770, S. 277)

Helden

von Thümmel, *Der Heldentodt*
"Columnus starb als Held; hört, was er überwand!
Durch Laster sein Gefühl, durch Bosheit den Verstand."
(GMA 1770, S. 131)

v. D., *Grabschrift*
"Ließ dieses Helden Ruhm, o Wandrer, mit Entzücken!
Der Wunden hatt' er viel, und alle auf dem Rücken!"
(GMA 1776, S. 158)

Haug, *Thraso's Grabschrift*
"Hier schlummert ein Flacchus und Hektor,
Der Kriegen und Dichten verstand,
Als hätt' ihn Apollon zum Feldherrn,
Und Mars zum Poeten ernannt."
(GMA 1797, S. 148)

Haug, *Till*
"Till starb den Tod für's Vaterland,
Er gieng so muthig zum Gefechte,
Als wär' er ein Malificant,
Und seine Feinde Henkersknechte."
(Haug W 1807 Bd I, S. 40)

Louise Brachmann, *Grabschrift eines Kriegers*
"Held, weil nimmer du gefloh'n im *Leben*,
Mußtest früh *du aus dem Leben* flieh'n!"
(TBV 1817, S. 158)

Haug, *Asins Grabschrift*
"Hier ruht Asin, ein Held — den Kleidern nach,
Der gern zu Kämpfen flog — in's Schlafgemach,
Der manchen Sieg errang — im Kartenspiel,
Und endlich im Duell — mit Bacchus fiel."
(Haug W 1840, S. 36)

Junker

Goeckingk, *Grabschrift auf Junker Hanssen*
"Ich Junker Hans von sechzehn Ahnen,
Das Schrecken aller Hasen und Fasanen,
Harr' auf die Auferstehung hier.
Doch sollt es, ach! in jenem Leben,
Nicht Ahnen, Hasen und Fasanen geben:
So laßt mich ruhn! was wollt ihr sonst mit mir?"
(GMA 1776, S. 9)

K., *Grabschrift*
"Hier liegt der gnädige Herr von Velten.
Die Gnade, die er früh und spat
Dem Bauersmann gespendet hat,
Mag unser Herre Gott ihm dreifach wiedervergelten!
Denn Seine Gnade Hochwolgeboren
Zogen den Bauern das Fell über die Ohren."
(GMA 1780, S. 151)

B., *Grabschrift*
"Müd' einem Glücke nachzulaufen,
Das, stets im Aug' ihm, stets ihn mied,
Sank, nur ein wenig auszuschnaufen,
Der Kammerjunker Hans von Staufen
An diesem Marmor, und verschied."
(VMA 1797, S. 128)

Kammerpräsidenten

H. Wagner, *Grabschrift auf manchen Kammerpräsidenten*
"Der Land und Leut' ums Ihrige gebracht,
Herr Scharfklau liegt alhier begraben,
Und bringet noch, wer hätte das gedacht!
Im Tod ums Ihrige die Raben."
(GMA 1783, S. 8)

Kannegießer

M**q., *Grabschrift eines politischen Kannengießers im vorigen Türkenkriege gesezt*
"Hier, Wandrer, liegt Politikus.
Der gute Mann starb an der Frage:
Warum der Kaiser sich nicht zu den Russen schlage?"
(GMA 1779, S. 87)

Kanzler

Haug, *Der sterbende Tuck*
"Ein Wunder, und ein Glück zumal!
Nach Schurkenstreichen ohne Zahl,
Stirbt Kanzler Tuck — horizontal."
(VMA 1795, S. 182)

Kirchendiener

–g., *Grabschrift auf einen 80jährigen Kirchendiener*
"Ließ Wanderer, daß du vom Expirierten
Doch seine Existenz als Körper darthun kannst:
Die Kirche ach! verlor in Ihro Hochehrwürden
Ein dreifach Kinn und einen respektablen Wanst."
(StMA 1782, S. 168)

Kleinmütige

J. F. K., *Grabschrift eines Kleinmütigen*
"Hier liegt ein Mann, der, als er lebte,
Stets zwischen Glaubenszweifeln schwebte;
Er schied, den Kopf voll Skrupeln voll,
Aus dieser Welt, um von den Schaaren
Des Todtenreiches zu erfahren,
Was man im Leben glauben soll."
(VMA 1781, S. 56)

Köche

Auf einen Koch in einer fürstlichen Gruft
"Sanft ruh' des Todten Asch'
in kühler Erde Schacht:
Hat er der Asche doch
im Leben viel gemacht."
(Haßler 1816, S. 11)

Kräuterkenner

Armbruster, *Auf einen Kräuterkenner*
"Antheren, Pigmata, Pistill,
Und wie die Moose sich erzeugen,
Weiß alles Herr Simon Pedrill,
Er weiß zu reden, nie zu schweigen;
Er kennet, was Linne, Börhav und Haller spricht
Nur — seinen Vater kennt er nicht."
(StMA 1782, S. 68)

Kritiker

Voß, *Grabschrift eines Kritikers*
"Geifernd vor Wut verreckte der Kritiker. Wenn er vorbeirennt,
Cerberus, krieche geschwind' unter dein Schauer: er beißt!"
(VMA 1788, S. 162)

Landleute

C. W. C. Starke, *Grabschrift auf einen guten Landmann*
"Redlich gesinnt genoß er in ländlichem Fleiße das Leben,
Fröhlich entschwang er der Spreu jährlich das herrlichste Korn:
Siehe, nun hat ihn sein Gott dem Staube des Lebens entschwungen,
Wie man der nichtigen Spreu goldene Körner entschwingt."
(TBV 1898, S. 216)

Läufer

Kretschmann, *Grabschrift eines Läufers*
"Hier liegt ein unbesiegter Held
Im Laufen.
Er half sich durch die ganze Welt
Mit Laufen.
Dem Stocke selbst entging der Wicht
Durch Laufen.
Nur blos dem Tode konnt' er nicht
Entlaufen!"
(TBV 1806, S. 124)

Langweiler

Haug, *Humm's Grabschrift*
"In dieser eigenen Umzäunung
Liegt Humm verbreitet. Seine Meinung
Thät er so langsam immer kund,
Als wär' er nah am Tode.
Ja oder nein in seinem Mund
War eine Periode."
(GMA 1795, S. 206)

Lebenskünstler

v. Döring, *Grabschrift*
"Hier lieget, der mit jeder Lage
Die Art zu leben wohl verband,
Und nur an seinem Sterbetage
Die Kunst zu leben nicht verstand."
(GMA 1786, S. 137)

Lobdichter

P., *Auf einen Lobdichter*
"Den Efeukranz verdiene Pump? Vielleicht.
Der Efeu kreucht."
(VMA 1796, S. 132)

Lügner

Ws., *Grabschrift*
"Herr von Grummel, der hier ruht,
Hatte wahres deutsches Blut.
Liebte feurig Weib und Kinder,
Doch sein Vaterland nicht minder;
Gott stand immer oben an!
Wandrer! das war noch ein Mann! —
Zweifle nicht, daß er so dachte,
Er, der selbst die Grabschrift machte."
(GMA 1777, S. 80)

X., *Grabschrift eines Lügners*
"Glaub's, Wanderer! ich liege hier:
Die Grabschrift ist ja nicht von mir."
(StMA 1785, S. 74)

J. C. Tutenberg, *Jeder findet seinen Meister. Eine Grabschrift*
"Hier liegt Kleant. — Er hat sich groß und reich gelogen;
Und hätte dasmal selbst den schlauen Tod betrogen:
Allein Rotill, sein Arzt, geschickter noch im Lügen,
Verstand die Kunst, auch selbst Kleanten zu betrügen."
(GMA 1788, S. 62)

Auf einen Lügner
"Der Lügen sich zur Pflicht einst machte, lieget hier.
Er ist ganz sicher todt; die Sache ist ganz klar.
Doch könnte er noch sprechen: Glaubet mir!
Er spräche dreist zu euch: — Es ist nicht wahr!"
(Haßler 1816, S. 11)

Luftschiffer

Seyffer, *Auf einen Luftschiffer*
"Er ließ zuerst ein Schaf gen Himmel fliegen.
Da der Versuch gefiel, so ist er selbst gestiegen."
(GMA 1791, S. 188)

Gute Mädchen

J. G. Jacobi, *Grabschrift*
"Gutes Mädchen, Antonette!
Bist am Ende deiner Bahn;
Ruhst allhier im kühlen Bette,
Was du nimmer sonst gethan;
Wirst mit deinem blassen Munde
Nichts erzählen; nicht dich freun,
Weinen, hoffen, und bereun;
Alles in derselben Stunde;
Wallst auf einer andern Flur,
Küssest dich mit Engeln nur,
Sollst dereinst mit lautem Singen
Tanzend aus dem Grabe springen,
Der Posaun' entgegen lachen,
Und den Himmel lustig machen."
(VMA 1784, S. 155)

Mädchenjäger

O., *Grabschrift eines Mädchenjägers*
"Wenn diese Schrift ein Mädchen wär,
Läg' sie nicht oben, sondern Er!"
(StMA 1785, S. 80)

Männer

Hensler d. J., *Ueber Eulenspiegels Grabmal*
"Staunt sich die Eul' im Spiegel an,
So läßt dies Bild uns sonder Inschrift lesen,
Was Eulenspiegels Art gewesen.
Ich kenne manchen großen Mann
Für den das Bild in seinem Werk fornan
Noch ungleich passender gewesen."
(GMA 1776, S. 25)

v. Einem, *Grabschrift*
"Hier liegt der alte Abendthau:
Er starb an seiner jungen Frau."
(GMA 1785, S. 39)

G. C. L., *Grabschrift auf einen wichtigen Mann*
"Beym Grab des Herrn von Degenband
Da weint' niemand und lacht' niemand,
Was aus der Seel' ward nach der Hand,
Das weiß niemand und fragt niemand."
(GMA 1785, S. 57)

Haug, *Grabschrift eines braven Mannes. Nach dem Französischen*
"Warst du sein Freund, so weine
Und warst du nicht der seine,
So weine."
(StMA 1786, S. 46)

B., *Grabschrift*
"Auf wem der stolze Marmor raget?
Auf einem wohlgepriesnen Mann,
Der nie ein dummes Wort gesaget,
Und nie ein kluges Werk gethan."
(VMA 1798, S. 115)

Menschenfeinde

Voß, *Grabschrift des Menschenfeindes Timon. Aus dem Griechischen*
"Timon, gefällt es im Leben dir weniger, oder im Tode?
Ach im Tode! da giebts eures Gelichters noch mehr!"
(VMA 1783, S. 55. Vgl. AG Buch VII, Nr. 317)

Auf Timon von Haug
"Mir Timon ward das höchste Gut,
Die Grabesruh' vergönnt,
Naht einer von der Menschenbrut,
Erschlag' ihn, Monument!"
(Haßler 1816, S. 16)

Metzger

Grabschrift eines Metzgers
"Schaaf, Ochsen, Kalb und Schwein, die haben oft geschmeckt,
Wie tödtlich meine Faust im Leben sey gewesen.
Du Freund! geh fort, so bald du dies gelesen,
Eh' sich noch meine Hand nach deiner Gurgel streckt."
(Haßler 1819, S. 44 f.)

Mineralogen

W–n, *Grabschrift eines Mineralogen*
"Er suchte Steine durch sein ganzes Leben,
Und suchte nie sich satt.
Hier hat man einen ihm gegeben,
Woran er Gnüge hat."
(GMA 1785, S. 167)

Minister

W. S., *Auf den Tod eines Ministers*
"Sein Tod ging nicht der Frau, nur den Kollegen nah;
Nein! sagte der Gemahl, und der Minister — Ja."
(VMA 1777, S. 170)

Mohren

—, *Grabschrift eines Mohren*
"Sengend ergoß sich die Gluth der Sonne mir über den Scheitel,
Und ich ertrug es nicht mehr, barg mich im kühlenden Sand."
(GMA 1803, S. 113)

Müßiggänger

v. St., *Das verdiente Lob*
"Stax, der in seinem ganzen Leben
Nichts that, wodurch er Lob erwarb,
Verdient ein Lob, weil er so eben,
In diesem Augenblicke starb."
(GMA 1776, S. 16)

v. Döring, *Grabschrift*
"Hier liegt ein Mann,
Der immer sann,
Und nie begann."
(GMA 1784, S. 137)

Kretschmann, *Grabschrift eines Müßiggängers*
"Nun (wohl ihm!) ausgerungen hat
Er alle seine Noth.
Er aß und trank sich lebenssatt,
Und schlief sich endlich todt."
(GMA 1796, S. 193)

Musen und Grazien

Kretschmann, *Auf Nerinens Tod*
"Sie starb. An ihrem Leichensteine
Ward Amor seiner Banden frey:
Nun sind der Musen wiederum neune
Und der Grazien drey."
(AdtM 1775, S. 115)

Nachtwächter

K. E. R. Schmidt, *Grabschrift auf den Nachtwächter Johann Mathias Plerr*
"Der guten Wirte Trost, und feiger Diebe Schrecken:
Er schlummerte nicht gern: drumm hoff' ich, Gott der Herr
Wird ihn auch wieder wecken."
(AdtM 1774, S. 223)

Reiche Narren

Kr., *Grabschrift*
"Der reiche Thrax verstirbt. Sein Testament gewärtigt
Dem Dichter, der die Grabschrift fertigt,
Zweyhundert Thaler Honorarium.
Zum Henker! leichter kann kein Geld erworben werden!
Zählt immer auf! — 'Hier liegt der größte Narr auf Erden!'
Nur her! das ist sein Epitaphium!"
(GMA 1772, S. 88)

Naturaliensammler

P–s., *Grabschrift eines unwissenden Naturaliensammlers*
"Hier liegt Herr Knips, der gute Mann,
Mit seiner Sammlergabe.
Was er im Leben einst begann,
Beginnt er noch im Grabe:
Gedankenlos versammelt er
Noch Ungeziefer um sich her."
(VMA 1784, S. 71)

Neider

C. H. Zimmermann, *Grabschrift auf einen Neidischen*
"Den Neider, der hier fault, begrub mit Jubilieren
Das Dorf, ob seinem Tod vergnügt.
Aus ist sein Neid! Was ihn noch dürfte chagrinieren,
Ist, daß er nicht allein hier liegt."
(GMA 1784, S. 153)

Offiziere

Hensler d. J., *Grabschrift auf einen Officier*
"Hier ruht, von Alters wegen,
Durch Bachus blind, durch Venus lahm,
Ein Held, so tapfer wie sein Degen,
Der niemals aus der Scheide kam."
(GMA 1777, S. 137)

Opfer der Medizin

W. B., *Grabschrift*
"Gesund wünscht' ich, daß ich gesünder wär;
Nahm Arzeney, und kam hieher."
(GMA 1774, S. 134)

v. Einem, *Grabschrift*
"Hier liegt der Junker Tireli,
Er starb bevor die Medici
Den Schluß noch konnten fassen,
An was für einer Krankheit sie
Ihn wollten sterben lassen."
(GMA 1786, S. 71)

X., *Grabschrift*
"Wandrer, mich tödtete nicht der Medicus. Eh ich sein Pulver
Einnahm, fragt' ich: Von wem? hörte den Namen und starb."
(VMA 1786, S. 162)

X., *Andragoras. Nach Martial*
"Fröhlich schmauste mit uns Andragoras, fröhlich auch wünscht' er
Gute Nacht; und früh fand man im Lager ihn todt.
Was so schnell ihn getödtet, den blühenden Jüngling, das fragst du?
Freund, er hatte den Arzt Bullus im Traume gesehn!"
(VMA 1789, S. 6)

Opiumtrinker

Weppen, *Eine andere [Grabschrift]*
"Der grosse Geist — in Opium
Trinkt er sich schläfrig, sinnlos, dumm,
Und schlummert so hinab, hin in — Elysium?"
(AdtM 1780, S. 265)

Orthodoxe Päpste

–tt–, *Grabschrift auf einen Orthodoxen* *
"Der Pabst H***s liegt unter diesem Stein
Im Himmel wird er Sokrates, den Heiden!
So wenig, als den Ketzer A***i leiden.
Giebt also Gott ihm keinen Himmel allein,
So wissen wir nicht, wo er wird bleiben."
(VMA 1780, S. 73)

Pfarrer

X., *Auf den Tod unsers Pfarrers*
"O, stellt das Klagen doch ein! Seid heiter und lustig, ihr Knaben!
Denn, hätte dieser gelebt, er hätt' uns alle begraben."
(VMA 1783, S. 40)

Polyhistoren

Seyffer, *Auf einen Polyhistor*
"Nachdem er jede Wissenschaft
In seinen leichten Reisewagen,
Kaum stark genug sein Geistespfund zu tragen,
An allen Zäunen aufgerafft,
Wollt' er zuletzt auch noch die Dichtkunst mit sich nehmen:
Allein die wollte sich zum Rücksitz nicht bequemen."
(GMA 1791, S. 185)

Prahler

Haug, *Skelets Grabschrift*
"Hier liegt ein Sünder ohne Gleichen.
Er prahlte noch mit seinen Schurkenstreichen.
Ja! käm auf einen Augenblick
Er von der Unterwelt zurück,
So dürftet ihr nicht zweifeln,
Er rühmte sich, als wär's ein Glück:
Ich fuhr zu allen Teufeln."
(Haug W 1807 Bd I, S. 178)

Prediger

O., *Auf einen Prediger, der sich zugleich als Arzt in seinem Kirchspiele gebrauchen ließ*
“Die Paul, für Geld, getötet hat,
Bringt Paul, für Geld, zur Ruhestatt.
O! lernt von Paulen, Groß und Klein,
Auf mehr als eine Art allein
Dem Vaterlande nützlich seyn!”
(GMA 1772, S. 76)

Priester

Weisser, *Grabschrift, aus Dankbarkeit gesezt*
“Hier liegt der Priester unsrer Stadt,
Der achtzig Jahr gelebet hat!
An ihm verlohr ich nichts als Christ,
Doch desto mehr als Epigrammatist.”
(StMA 1784, S. 200)

Professoren

–tt–, *Grabschrift auf den Prof. Kimkamku; (vermutlich ein Sineser)*
“Herr Kimkamku, in dem drei hundert Orhoft Wein,
Kaum Plaz gefunden haben,
Liegt unter diesem kleinen Stein
Mit samt seiner Gelartheit begraben.”
(VMA 1780, S. 192)

**, *Ueber den Tod eines Professors der Dichtkunst*
“Ihm, dem es nie in seinem ganzen Leben
Durch die Begeisterung gelang,
Drei Spannen hoch vom Boden sich zu heben,
Ihm glückt das noch durch einen Strang.”
(GMA 1783, S. 141)

Kästner, *Der Einzige*
"Daß er neun Jahr Professor hieß,
Und nie sich als Gelehrter wies,
Ist seiner Ohnmacht zu verzeih'n.
Doch was auch Menschenliebe spricht,
So müßte wohl die Ohnmacht nicht
Acht lange Jahr besoldet seyn."
(TBV 1799, S. 229)

Räte

v. St., *Grabschrift*
"Hier unter diesem Stein liegt Lisimon der Rath,
Und thut noch izt, was er sein ganzes Leben that:
Er schläft!"
(VMA 1781, S. 93)

Rechenmeister

Auf einen Rechenmeister
"Des Rechnens satt, lieg ich nun hier im Grabe,
Denn drüber mußt' ich in die Brüche gehn;
Wenn ich mich nicht verrechnet habe,
So werd' ich wieder auferstehn."
(Haßler 1819, S. 51)

Rechtsgelehrte

Auf einen Rechtsgelehrten von Haug
"Hier liegt Herr Doctor Valentin,
Der Rechtsgelehrtheit Magazin.
Schad' um sein Wissen — nicht um ihn!"
(Haßler 1816, S. 15)

Reichsbürger

Auf einen Reichsbürger zu Koburg
"Hier liegt begraben Hanns Haschebrod!
Ich bitte dich, du lieber Gott!
Das ewige Leben wollst geben mir,
Gleichwie ichs wollte geben dir,
Wenn ich wäre der liebe Gott,
Und du wärst Hanns Haschebrod."
(Haßler 1819, S. 52)

Reiselustige

W. S., *Hablador*
"Für Habladorn war die Welt zu klein,
Für den Himmel dürft's Hablador seyn."
(VMA 1776, S. 91)

Rekruten

v. Thümmel, *Auf einen Recruten zur Reichsarmee. 1757*
"Hier liegt Johann, der als Recrute starb.
Wär nicht der Narr aus Furcht vor seinem Tod gestorben,
Er hätte sich gewiß so vielen Ruhm erworben,
Als sein Herr Oberster erwarb."
(GMA 1771, S. 120)

Rektoren

Haug, *Davs Grabschrift*
"Hier liegen Rector Davs Gebeine. —
Es ging (halb einem Sprichwort nach)
Der Krug, so lange bis er brach,
Zum Weine."
(GMA 1792, S. 48)

Rezensenten

Xy., *Grabschrift eines Recensenten*
“Lauft, so schnell ihr laufen könnt,
Denn hier liegt ein Recensent.
Natürlicher Einfall bey dieser Grabschrift.
Ei, was hat der Mann gedacht,
Der die Grabschrift hat gemacht?
Was ist's denn zum Laufen Noth?
Ist der Hund nicht mausetodt?”
(GMA 1782, S. 113)

Richter

Brückner, *Grabschrift eines Richters*
“Drei Unsterbliche wohnten in diesem Sterblichen weiland:
Hermes im Herzen, im Wanst Bachus, und Aeol im Hirn.”
(VMA 1779, S. 124)

Ritter

X., *Grabschrift auf den Ritter M.*
“Der Ritter Mimami ruhet hier,
Wenn anders der kan selbst im Grabe Ruhe haben,
Den man für die Gebühr,
Nicht aber gratis begraben.”
(VMA 1781, S. 103)

Säufer

v. K., *Grabschrift eines Säufers*
“O Wandrer, hüte dich hier Thränen zu vergiessen!
Des Wassers ärgster Feind liegt unter deinen Füssen.”
(GMA 1771, S. 35)

v. Döring, *Grabschrift auf einen Säufer*
“Hier liegt Remigius. Sein Haupt war immer schwer,
Sein Magen immer voll, sein Beutel immer leer.
Sein Wunsch war: Hätt' ich Geld, wie gerne trünk' ich mehr!”
(VMA 1779, S. 63)

Schauspieler

–tt–, *Grabschrift auf den Schauspieler D.*
"Hier ruht der Schauspieler D– – –,
Der oft, zum Schein, vor unsern Augen starb,
Und Geld damit, nur Beifall nicht, erwarb.
Doch hat er sich, als er im Ernst gestorben,
Zum ersten mal Beifall statt Geld's erworben."
(VMA 1780, S. 168)

Schink, *Grabschrift auf einen schlechten Schauspieler*
"Der manche Rolle hier verdarb,
Verdirbt nun nichts mehr, seit er starb.
Doch, ists nur Rolle, was er thut,
Spielt er zum letzten Male gut."
(TBV 1799, S. 231)

Haug, *Mimo's Grabschrift*
"Ich Hofschauspieler Mimo war
Marquese, Duca, König, Czar,
Dey, Sophie, Bassa, Sultan gar.
Hier lieg' ich. Lerne, Menschenkind,
Wie flüchtig Menschenwürden sind!"
(Haug W 1827 Bd I, S. 401)

Schläfer

C. H. Zimmermann, *Grabschrift auf einen Schläfer*
"Hypnophilus, der nie mit Schlaf war sat zu machen,
Ruht hier und fürchtet nichts, als wieder aufzuwachen."
(GMA 1781, S. 111)

v. Lingen, *Grabschrift*
"Hier schläft der Herr von Schaaf,
Ein grosser Freund vom Schlaf;
Wenn alle Leiber auferstehen,
Wird er wol noch um etwas Ruhe flehen."
(GMA 1782, S. 173)

Schmarotzer

Weisser, *Auf einen hochadligen Schmarotzer*
"O Wunder, Wunder! Herr von Knaus,
Der stets an fremden Tisch gepraßt,
Nie Wirth war, sondern täglich Gast,
Gibt jezt den Würmern — einen Schmaus."
(StMA 1784, S. 203)

Auf einen Schmarotzer
"Mein ganzer Lebenslauf bestehet in neun Worten:
Ich—kochte—nirgends—was,—und—fraß—doch—aller—Orten."
(Haßler 1819, S. 58)

Schneider

Hensler d. J., *Grabschrift eines Schneiders*
"Hier ruhet Meister Scheere,
Der manchesmal
Sich selbst die Flicken stahl,
Damit er nicht die Fertigkeit verlöre."
(GMA 1775, S. 165)

J. C. F. Cunze, *Grabschrift des Schneiders Leichtfuß*
"Man ließ, bloß sichrer Ruhe wegen,
Hier diesen schweren Grabstein legen;
Sonst würde man, wenn Winde wehen,
Gar einen todten Blanchard sehen."
(TBV 1796, S. 234)

Schreiber

Weisser, *Grabschrift eines Schreibers*
"Wird dieses Herrchen einst des Wekers Stimme hören
So kommt es ohne Kopf; den konnt' es stets entbehren."
(StMA 1782, S. 174)

M., *Grabschrift eines Schönschreibers*
"Hier ruht ein großer Mann.
Er schrieb, als wärs gedruckt. Doch neulich beim Geschnize
Der Federn schnitt er sich am Finger eine Rize,
Und starb daran!
Die Seel' entflog der Fingerspize."
(VMA 1786, S. 36)

Schriftsteller

Hensler d. J., *Grabschrift auf einen elenden Scribenten*
"Hier liegt ein Mann, der eh er starb,
Zwei Hundert Rieß Papier verdarb."
(GMA 1776, S. 116)

K. G., *Auf einen gewissen militärischen Schriftsteller*
"Als Autor sezt er fort, was ihm im Krieg gelungen,
Und pralet ungestraft mit seinen Plünderungen."
(GMA 1781, S. 121)

Aug. L–n, *Auf den Tod eines elenden Büchermachers*
"Herr Stax ist todt. Er legt die Feder nieder,
Die manches Buch Papier verdarb;
Und die Vernunft erwacht zum Leben wieder,
Die unter seinen Fäusten starb."
(GMA 1783, S. 174)

Haug, *Franzens Tod*
"Franz, der am Bücherschrank
Oft lange Tage saß,
Oft Schlummer, Speis' und Trank,
Ob seinem Werk vergaß,
Schrieb sich berühmt, und krank,
Und starb dann vor der Zeit
An der Unsterblichkeit."
(VMA 1792, S. 77)

Schufte

Weppen, *Grabschrift auf Hrn. v. V.*
"Der Mann hat so viel Guts gethan,
Daß man von ihm nichts Böses sagen kann,
Er stiftete so vieles Unheil an,
Daß man von ihm nichts Gutes sagen kann."
(AdtM 1780, S. 265)

X., *Der hoffärtige Grabstein*
"Hier liegt der halben Welt Furcht, Jammer, Angst und Schrecken.
Was kann doch unser eins nicht alles decken!"
(GMA 1784, S. 130)

X., *Grabschrift*
"Hier liegt ein Schuft,
Der in der Gruft
Erst Nutzen bringt:
Er düngt!"
(VMA 1789, S. 96)

Haug, *Olans Grabschrift*
"Hier schläft Olan den Todesschlaf,
Er, den kein Arzt an blindem Glücke
Kein Pietist an böser Tücke,
An Schulden kein erlauchter Graf,
An Aufgeblasenheit kein Richter,
An Lügen kein verliebter Dichter,
Kein Leichenredner übertraf."
(Haug W 1807 Bd I, S. 123)

Schulmeister und Küster

Haug, *Grabschrift des Schulmeisters und Küsters Bull*
"Hier schläft nach langer Arbeit sanft genug,
Der Orgel, Schüler, Weib und Kinder schlug."
(Haug W 1840, S. 237)

Schwätzer und Schwätzerinnen

Weisser, *Grabschrift für Schwäzerinnen*
"Hier liegt Frau Garrula, die schlimmste Ohrenplage!
Sie zürnt, daß ich dieß nur mit wenig Worten sage."
(StMA 1784, S. 163)

Haug, *Schwätzers Epitaphium*
"Ach! Gälte mein Gebot, so stünde
Hier pünctlich ausgeführt, woran
Und wie ich starb. — O Wandersmann,
Stirb, stirb! damit ich dir mein Ende
Umständlicher erzählen kann."
(GMA 1794, S. 141)

Auf einen Schwätzer
"Den größten Schwätzer schließt dies Grabmal ein:
Er machte alles taub um sich herum,
Und bleibt er izt gleich ewig stumm,
So wird sein Schweigen nie, wie einst sein Plaudern seyn."
(Haßler 1816, S. 16)

Schwelger

Haug, *Schwelgers letzte Worte*
"Laßt auf meinen Grabstein schreiben:
Essen, Trinken, Spielen, Lieben
Sollten mir die Zeit vertreiben;
Doch sie haben mich vertrieben."
(TBV 1812, S. 175)

Seifensieder

B., *Grabschrift eines Seifensieders*
"Hat der Tod das Licht des Lebens ausgeblasen,
Dann erkennen stracks
Aller Menschen Nasen,
Obs von Talg war, oder Wachs."
(VMA 1796, S. 202)

Selbstsüchtige

J. Christ. Dieterich, *Grabschrift*
"Hier ruht der sich nur leben wollte:
Du, folge seinem Beyspiel nicht,
Daß einst die Welt nicht von dir spricht,
Hier ruht der niemals leben sollte."
(GMA 1788, S. 55)

Schweigsame Sieger

Gleim, *Eine Grabschrift*
"Zwar mag ich Diamant und Onyx wohl nicht seyn;
Wär aber ich ein schlechter Stein,
So ständ' ich nicht auf diesem Grabe!
Denn der liegt unter mir, der seinen größten Sieg,
Den über sich, verschwieg,
Das ist, was ich zu sagen, habe!"
(GMA 1802, S. 187)

Sonderformen

Gleim, *Grabschrift auf den Aberglauben*
"Hier unter dieser Pracht
Von ausgehauner Marmorklippe
Liegt unverweset noch das scheusliche Gerippe
Des Aberglaubens, der die schwarze Geisternacht
Mit seinem großen Maul und seiner dicken Lippe
Hat in die Welt gebracht."
(VMA 1788, S. 42. Auszug)

Gleim, *Grabschrift auf eine noch Lebende*
"Die Fanny, welche K** liebte,
Schläft hier so sanft, so sanft! Laß Wandrer, laß sie ruhn!
Sie, die den guten Mann bis in den Tod betrübte,
Wills nimmer wieder thun."
(VMA 1789, S. 183)

Spekulanten

Schink, *Grabschrift*
"Hier liegt, der eigentlich den Galgen sollte zieren;
Allein er stahl durch — Speculiren."
(GMA 1798, S. 180)

Spieler

I., *Der erstochene Spieler*
"Hier liegt ein Mann, der sich im Spiel sein Brot erwarb,
Und nach so manchem Stich am letzten Stiche starb."
(VMA 1791, S. 144)

Haug, *Ulan's Grabschrift*
"Hier schläft Ulan. Er haßte Groll und Zank
Der Mann des Friedens so, daß lang vor seinem Scheiden,
Nur um den Zwist der Erben zu vermeiden,
Er Geld und Gut — verspielte und vertrank."
(GMA 1795, S. 236)

Straßenaufseher

Auf einen Straßenaufseher
"Freund! ist der Mann nicht deines Lobes werth,
Dessen Sinn bei allen Lebensbürden,
Stets auf die Sorge war gekehrt,
Daß seine Wege rein erfunden würden."
(Haßler 1819, S. 61 f.)

Streitsüchtige

–oof, *Grabschrift auf St. Zyriax*
"Hier liegt der gröste Disputax
Auf diesem Erdenrunde.
Er nannte sich St. Zyriax,
Mit dickgeschwolnem Munde.
Im Mutterleibe strit er schon
Mit seiner Wehemutter,
Und sprach bei seinem Leben Hohn
Dem seelgen Doktor Luther.
In Bayers Lehrbuch war kein Plaz
Vor unserm Held verschlossen,
Auch über den geringsten Saz
Macht er hochweise Glossen.
Mit disputieren stand er auf,
Und aß mit disputieren.
Das Zanken war sein Lebenslauf
Und nie durft' er verlieren.
Stark wie Mathias Flacius
War er der Gegner Schrecken.
Er starb; ein böser Kettenschlus
Blieb ihm im Halse stecken."
(GMA 1779, S. 54 f.)

Anticipierte Grabschrift
"Hier liegt begraben Herr Melcher,
Ein Pfarrer geweßt ist welcher.
Er hat gelebt in Zank und Streit,
In seiner ganzen Lebenszeit.
Drum, lieber Wandrer, glaube mir,
Flieh bald, sonst zankt er noch mit dir."
(GMA 1785, S. 175)

Stutzer

J. Josch, *Grabschrift eines Stuzers*
"Wer hier liegt, was er gewesen,
Wird man riechen eh', als lesen."
(WMA 1782, S. 71)

Tabakraucher

Grabschrift eines Tabakrauchers
"Ich habe mich mit Rauch, wie alle Welt, genähret,
Denn Alles, was man liebt, wird von der Zeit verzehret:
Mein Freund! gönnst du mir eine sanfte Ruh,
So setz dich auf mein Grab, und rauch Tabak dazu."
(Haßler 1819, S. 63)

Taube

Franz Hunger, *Auf das Grab einer Tauben*
"Die taube Adelheid ruht hier;
Man setzte diese Grabschrift ihr,
Damit einst des Gerichts Posaunenengel wisse,
Daß er an dieser Gruft gedoppelt blasen müsse."
(GMA 1795, S. 53)

Totengräber

B–s, *Grabschrift auf einen Todtengräber*
"Ich Todtengräber dieser Stadt,
Ruh' hier bei meinen tausend Leichen.
Ich füttere den Tod recht satt,
In Hofnung, durchzuschleichen.
Er aber sprach: Nein! was nur lebt
Muß meine Beute sein!
Wer andern eine Grube gräbt,
Fällt endlich selbst hinein."
(VMA 1787, S. 89)

Trinker

X., *Grabschrift eines Trinkers*
"So schluckt kein dürres Land voll Gier den Regen ein,
Als Strymon, der hier liegt, in seinem Leben Wein:
Er wollte, daß man ihn ein wenig tief begrabe,
Damit er wenigstens im Grabe Wasser habe."
(VMA 1791, S. 57)

Papa von Papowsky, *Gegenstück zu Henslers Grabschrift: Hier ruht Lupin, und hört zu essen auf u. s. w.*
"Hier ruht in Gott
Herr Durstenheim und hört zu trinken auf;
Nach vierzig Jahren Trinkenslauf
Zwang ihn der Tod
Sich diese Ruhstatt anzuschaffen,
Den langen Rausch sich auszuschlafen."
(WMA 1794, S. 109)

Haug, *Bibus*
"Oft traf ihn Amors Pfeil; allein
Er wusch die Wunden aus mit Wein."
(Haug W 1807 Bd I, S. 8)

Auf Bibus Tod
"Wißt, daß Bibus, gliederkrank,
Ohne Wein und ohne Farb,
Aus Verzweiflung Wasser trank,
Und an diesem Gifte starb."
(Haßler 1819, S. 10)

Übersetzer

Kretschmann, *Grabschrift eines Uebersetzers*
"Hier liegt Herr Scribler, der in langer Lebensfrist,
Mit Uebersetzungen des Unfugs viel verführet,
Bis ihn, nach gleicher Art, der Tod ins Grab vertiret:
Sein Geist — indeß der Wurm den Leib zerfrißt,
Weiß Gott, wo der geblieben ist!"
(TBV 1799, S. 343)

Uhrmacher

Haug, *Grabschrift eines Uhrmachers*
"Weinet nicht, und begrabt die Hülle! —
Meine Lebensuhr stand stille.
Zieht sie Gott hinauf und auf,
Endet nimmermehr ihr Lauf."
(Haug W 1826, S. 168)

Ungerechte

Fridrich, *An den ungerechten Marks*
"Das wär' die Grabschrift, die sich auf dein Leben schickte:
Sein Herz war härter noch, als dieser Marmelstein,
Doch weh' ihm! Denn wie er einst seine Brüder drückte,
So drückt der Marmor izt sein moderndes Gebein."
(GMA 1784, S. 64)

Unmusikalische

F., *Kickels Grabschrift*
"Hier lieget Kickel, den der lieblichste Gesang
Der schönsten Musik nie im Leben konte rühren.
Gewißlich wird er auch Eloa's Harfenklang
Am jüngsten Tage nicht in seinem Grabe spüren.
Willst du, Beelzebub, ihn in die Hölle führen,
So muß ein Janitscharenchor
Von deinen Teufeln ihn zuvor
Mit Trommeln, Klapperblechen, Dudelsäcken
Und Kazenstimmen auferwecken."
(VMA 1782, S. 14)

Vielfrager

Auf einen Vielfrager von Hagedorn
"Neodor, seiner Freunde Plage,
Ruht hier, und hört zu fragen auf.
Das Fragen war sein Lebenslauf,
Und er verschied in einer Frage.
Du fragst bey diesem Leichenstein:
Ward er durch Fragen klug? — Ach nein!"
(Haßler 1816, S. 17)

Weiber

Blum, *Grabschrift einer Dame*
"Hier liegt ein redlich Weib, mit Sande leicht bedeckt,
Der keine Tugend hat das kurze Ziel erstreckt.
Frag nicht: warum der Hauch des Todes sie versehrt?
Sie war der Welt, die Welt war ihrer nur nicht werth."
(AdtM 1774, S. 218)

Weckherlin, *Grabschrift*
"Hier lieget, und Gott seys gedanket!
Ein Weib, das Tag und Nacht gezanket.
O tretet nicht zu hart, lieben Leut!
Sonst weckt ihr einen neuen Streit."
(VMA 1778, S. 204)

Haug, *Grabschrift*
"Hier liegt ein gutes Weib. Dem Himmel ists bewußt!
Anmerkung
Ein unersetzlicher Verlust."
(Haug W 1807 Bd I, S. 40)

Weidmänner

Grabschrift eines Weidmanns
"Verweil' o Wanderer, wenn du ein Weidmann bist!
Dein Bruder ließ sich hier vom Tod erjagen.
Ich wette, daß er dort das Wildpret nur vermißt;
Auch wird er sicher es beklagen;
Daß Cerberus kein Jagdhund ist."
(Haßler 1816, S. 21)

Windbeutel

D. P. v. Heine, *Grabschrift auf einen Windbeutel*
"Still, Winde, hier!
Ein Größerer, als ihr,
Der schlummert hier:
Fürwahr, er war weit mehr,
Denn, was ihr seid, das machte er."
(GMA 1795, S. 70)

Windmüller

Auf den Windmüller Jakson von Claudius
"Hier liegt der Müller Jakson;
Er lebte vom Winde mit lieben Weib und Knaben.
Es leben auch sonst noch Viele davon,
Die keine Mühle haben."
(Haßler 1816, S. 18)

Bescheidene Wohltäter

v. Döring, *Auf Damons Grab*
"Jung, und gekrönt mit grauen Haaren,
War er den Armen thätig gut.
Man hats durch ihre Thränen erst erfahren,
Seit er in diesem Grabe ruht."
(VMA 1782, S. 128)

Wucherer

Hr., *Grabschrift eines Wucherers*
"Hier liegt ein Bösewicht, hier liegt ein Missethäter,
So spricht die Welt. Sein Schwiegersohn
Allein nur denkt: hier ruht die Krone aller Väter,
Der Vater meiner Million."
(GMA 1771, S. 199)

Meißner, *Grabschrift des Wucherers la Combe. (ihm Shakespear noch bey seinem Leben gesezt)*
"Zehn von Hundert liegt allhier.
Hundert gegen Zehne wett' ich mit dir,
Daß la Combe verdamt sey. —
Geht einmal ein andrer vorbey.
Und fragt: 'Wer mag hier begraben seyn?'
So wird sicher Sir Satan schreyn:
'O ho! man scharrte meinen la Comben ein!' "
(AdtM 1779, S. 220)

Lr., *Grabschrift auf Hans Daccombe. (S. Voltaire Dict. philos. S. 279.)*
"Hier ruht ein Wechsler lobesam.
Herr Zehn von Hundert war sein Nam';
Doch wett ich hundert gegen zehn,
Das Paradies kam nicht an den.
Als Satan kam in Gloria,
Um abzufahren diese Bombe,
Da ward gefragt: wen holt ihr da?
Sprach Satan: 's ist Freund Hans Daccombe!"
(VMA 1794, S. 163)

J. F. Ratschky, *Grabschrift eines Wucherers*
"Ein reicher Filz, der schändlich Wucher trieb,
Liegt, von der Welt verabscheut, hier begraben.
Er raubte nicht, wie ein gemeiner Dieb:
Drum fressen ihn die Würmer statt der Raben."
(TBV 1801, S. 338)

Xanthippen

L.***, *Grabschrift einer Xantippe nach dem Französischen*
"Hier liegt mein Weib, wie wohl ist ihr!
Hier liegt mein Weib, wie wohl ist mir!"
(GMA 1784, S. 149)

X., *Auf eine Xanthippe*
"Sie lebte, und drei Furien in ihr,
Sie starb — nun sind im Orkus vier."
(StMA 1785, S. 159)

Zecher

Pfeffel, *Grabschrift eines empfindsamen Zechers*
"Sentillo ruht in diesem Grab;
Er war ein Freund des Safts der Reben,
Und schlug wie sie, bei seinem Leben,
Sein Wasser durch die Augen *) ab."

"*) So heißen in den Rheingegenden die kleinen Knospen des Weinstocks, der im Frühling weint."
(VMA 1786, S. 120)

Klamer Schmidt, *Grabschrift auf Groot*
"Hier ruht der gewaltige Zecher Groot.
Alle Weisheit stand ihm zu Gebot,
Nur leider! die nicht, immer zu leben;
Sonst ruht' er nicht unter diesen Reben."
(TBV 1804, S. 179)

Abgekürzt zitierte Literatur

Almanache

AdtM ⟹ Almanach der deutschen Musen auf das Jahr 1771 ...1781, Leipzig

FMA ⟹ Allgemeine Blumenlese der Deutschen, 1. Teil, [Hg. H. H. Füßli], Zürich 1782

GMA ⟹ Musenalmanach 1770-1804: Poetische Blumenlese, Bd I-XXXV, Hildesheim, New York 1979, Nachdruck der Ausgabe 1770-1804 (Göttinger Musenalmanach)

DM ⟹ Die Musen: Eine norddeutsche Zeitschrift, hg. von Friedrich Baron de la Motte Fouqué und Wilhelm Neumann, Nendeln 1971, Nachdruck der Ausgabe Berlin 1812-1814

Poesien MA 1809 ⟹ Poesien von Louise Brachmann, Conz, Haug, Kuhn, Sophie Mereau, Friedr. Schlegel etc.: Ein Musen-Almanach für 1809, Frankfurt

StMA ⟹ Schwäbischer Musenalmanach: Auf das Jahr 1782. 1784, hg. von Gotthold Friedrich Stäudlin, Tübingen

StMA ⟹ Schwäbische Blumenlese für's Jahr 1785. 1786, hg. von Gotthold Friedrich Stäudlin, Tübingen

TBLF ⟹ Taschenbuch für das Jahr 1800. 1803. 1805...1839. 1841: Der Liebe und Freundschaft gewidmet, hg. von St. Schütze, Frankfurt

TBN ⟹ Taschenbuch für Frauenzimmer von Bildung auf das Jahr 1799 ... 1800. Taschenbuch für Frauenzimmer auf d. Jahr 1803, hg. von C. L. Neuffer, Stuttgart

TBV ⟹ Taschenbuch zum geselligen Vergnügen, von W. G. Becker, Friedr. Kind, Leipzig 1791 ... 1794. 1796 ... 1798. 1800. 1802 ... 1826. 1829 ... 1833

VMA ⟹ Poetische Blumenlese für das Jahr 1776...1800, hg. von J. H. Voß, Lauenburg (Vossischer Musenalmanach)

WMA ⟹ Wiener Musenalmanach auf das Jahr 1781. 1782. 1785. 1788...1791. 1794, hg. von J. F. Ratschky und A. Blumauer, Wien

WeMA ⟹ Musenalmanach für das Jahr 1830. 1831. 1832, hg. von Amadeus Wendt, Leipzig

Werke

Haug W 1805 ⟹ Epigrammen und vermischte Gedichte von Johann Christoph Friedrich Haug, Bd I, Berlin 1805

Haug W 1827 ⟹ Gedichte von Friedrich Haug, Bd I, Leipzig, Hamburg 1827

Haug W 1840 ⟹ Gedichte von Friedrich Haug, Stuttgart 1840

Haug W 1841 ⟹ [Haug], Zweihundert Hyperbeln auf Herrn Wahl's ungeheure Nase, In erbauliche hochdeutsche Reime gebracht von Friedrich Hopthalmos, Zweite Originalausgabe, St. Gallen 1841

Haug W 1826 ⟹ Spiele der Laune und des Witzes in Epigrammen und versifizierten Anekdoten von J. C. F. Haug, Tübingen 1826

Anthologien

AG ⟹ Anthologia Graeca: Grch.-Dt., ed. Hermann Beckby, Bd I-IV, München 1957-1958

BG ⟹ Berliner Gedichte: 1763-1806, ges. u. hg. von Ludwig Geiger, Berlin 1890

EA ⟹ Epigrammatische Anthologie, hg. von Joh. Christ. Friedr. Haug u. Friedr. Christ. Weisser, Bd I-II, Zürich 1807

Inschriftensammlungen

Haßler 1816 ⟹ Der Wandler unter Gräbern: Eine Sammlung von 300 Grabschriften allerley Inhalts in mehreren Sprachen, hg. von D. Haßler, Freyburg 1816

Haßler 1819 ⟹ Der Wandler unter den Gräbern: Eine Sammlung von tausend Grab= und Inschriften von allerlei In= und Gehalt, hg. von Ludwig Anton Haßler, Gmünd 1819

Einzelne Hinweise verdanke ich Kristin Rheinwald und Elisabeth Rudolf.